조선의 산사,
승려의
교육과 일상

조선의 산사, 승려의 교육과 일상

초판 1쇄 인쇄 2024년 11월 18일
초판 1쇄 발행 2024년 12월 2일

–

기 획 한국국학진흥원
지은이 김용태
펴낸이 이방원
책임편집 조성규 **책임디자인** 손경화
마케팅 최성수 · 김 준 **경영지원** 이병은

–

펴낸곳 세창출판사
신고번호 제1990-000013호 **주소** 03736 서울특별시 서대문구 경기대로 58 경기빌딩 602호
전화 02-723-8660 **팩스** 02-720-4579 **이메일** edit@sechangpub.co.kr **홈페이지** http://www.sechangpub.co.kr
블로그 blog.naver.com/scpc1992 **페이스북** fb.me/Sechangofficial **인스타그램** @sechang_official

–

ISBN 979-11-6684-380-8 94910
979-11-6684-164-4 (세트)

한국국학진흥원 전통생활사총서 37

조선의 산사, 승려의 교육과 일상

김용태 지음
한국국학진흥원 기획

세창출판사

책머리에

한국국학진흥원에서는 2022년부터 문화체육관광부의 지원으로 전통생활사총서 사업을 기획하였다. 매년 생활사 전문 연구진 20명을 섭외하여 총서를 간행하기로 했다. 지난해에 20종의 총서를 처음으로 선보였다. 전통시대의 생활문화를 대중에 널리 알리기 위한 여정은 계속되어 올해도 20권의 총서를 발간하였다.

한국국학진흥원은 국내에서 가장 많은 약 65만 점에 이르는 민간기록물을 소장하고 있는 기관이다. 대표적인 민간기록물로 일기와 고문서가 있다. 일기는 당시 사람들의 일상을 세밀하게 이해할 수 있는 생활사의 핵심 자료이고, 고문서는 당시 사람들의 경제 활동이나 공동체 운영 등 사회경제상을 이해할 수 있는 자료이다.

한국의 역사는 '조선왕조실록'이나 '승정원일기'와 같이 세계적으로 자랑할 만한 국가기록물의 존재로 인해 중앙을 중심으로 이해되어 왔다. 반면 민간의 일상생활에 대한 이해나 연구는 관심을 덜 받았다. 다행히 한국국학진흥원은 일찍부터 민간에 소장되어 소실 위기에 처한 자료들을 수집하고 보존처리를 통해 관리해 왔다. 또한 이들 자료를 번역하고 연구하여 대중에 공개했다. 이러한 민간기록물을 활용하고 일반에 기여할 수 있는 방법으로 '전통시대 생활상'을 대중서로 집필하여 생생하게 재현하여 전달하고자 했다. 일반인이 쉽게 읽을 수 있는 교양학술총서를 간행한 이유이다.

총서 간행을 위해 일찍부터 생활사의 세부 주제를 발굴하는 전문가 자문회의를 개최하고, 전통시대 한국의 생활문화를 가장 잘 구현할 수 있는 핵심 키워드를 선정하였다. 전통생활사 분류는 인간의 생활을 규정하는 기본 분류인 정치, 경제, 사회, 문화로 지정하였다. 이를 기반으로 매년 각 분야에서 핵심적인 키워드를 선정하여 집필 주제를 정했다. 이번 총서의 키워드는 정치는 '과거 준비와 풍광', 경제는 '국가경제와 민생', 사회는 '소외된 사람들의 삶', 문화는 '교육과 전승'이다.

각 분야마다 5명의 집필진을 해당 어젠다의 전공자로 구성하였다. 어디서나 간단히 들고 다니며 쉽게 읽을 수 있도록 최대한 이야기체 형식으로 서술해 달라고 부탁하였다. 다양한 사례의 풍부한 제시와 전문연구자의 시각이 담겨 있어 전문성도 담보할 수 있는 것이 본 총서의 매력이다.

전문적인 서술로 대중을 만족시키기는 매우 어렵다. 원고

의뢰 이후 5월과 8월에는 각 분야의 전공자를 토론자로 초청하여 2차례의 포럼을 진행하였다. 11월에는 완성된 초고를 바탕으로 1박 2일에 걸친 대규모 학술대회를 개최하였다. 포럼과 학술대회를 바탕으로 원고의 방향과 내용을 점검하는 시간을 가졌다. 원고 수합 이후에는 각 책마다 전문가 3인의 심사의견을 받았다. 2024년에는 출판사를 선정하여 수차례의 교정과 교열을 진행했다. 책이 나오기까지 꼬박 2년의 기간이었다. 짧다면 짧은 기간이다. 그러나 2년의 응축된 시간 동안 꾸준히 검토 과정을 거쳤고, 토론과 교정을 통해 원고의 완성도를 높이기 위해 분주히 노력했다.

전통생활사총서는 국내에서 간행하는 생활사총서로는 가장 방대한 규모이다. 국내에서 전통생활사를 연구하는 학자 대부분을 포함하였다. 2023년도 한 해의 관계자만 연인원 132명에 달하는 명실공히 국내 최대 규모의 생활사 프로젝트이다.

1990년대 이후 폭발적으로 증가했던 일상생활사와 미시사 연구에 대한 학계의 관심이 근래에는 소홀해진 상황이다. 본 총서의 발간이 생활사 연구에 활력을 불어넣는 계기가 되기를 기대한다. 연구의 활성화는 연구자의 양적 증가로 이어지고, 연구의 질적 향상 또한 이끌 것이다. 그렇게 된다면 전통문화에 대한 대중들의 관심 역시 증가할 것으로 기대한다.

본 총서는 한국국학진흥원의 연구 역량을 집적하고 이를 대중에게 소개하기 위해 기획된 대표적인 사업의 하나이다. 참여한 연구자의 대다수가 전통시대 전공자이며 앞으로 수년간 지속적인 간행을 준비하고 있다. 올해에도 20명의 새로운 집필자가 각 어젠다를 중심으로 집필에 들어갔고, 내년에 또 20권의 책이 간행될 예정이다. 앞으로 계획된 총서만 100권에 달하며, 여건이 허락되는 한 지속할 예정이다.

대규모 생활사총서 사업을 지원해 준 문화체육관광부에 감사하며, 본 기획이 가능하게 된 것은 한국국학진흥원에 자료를 기탁해 준 분들 덕분이다. 다시 감사드린다. 아울러 총서 간행에 참여한 집필자, 토론자, 자문위원 등 연구자분들께도 감사 인사를 전한다. 책의 편집을 책임진 세창출판사에도 감사드린다. 이 모든 과정은 한국국학진흥원 여러 구성원의 노력이 있었기에 가능했다.

2024년 11월

한국국학진흥원 인문융합본부

차례

1

조선 불교의 공간과 주체: 사찰과 승려

산속에 있는 산사山寺는 조선시대에 불교 신앙과 의례 행위가 이루어진 중심 공간이었다. 도성은 물론이고 지역 중심지인 읍치나 교통의 요지에 있던 평지의 사찰들은 조선 전기에 유교적 공간 질서의 재편 과정에서 점차 사라져 갔다. 예를 들어 지금의 서울인 한양은 유교 국가를 지향한 조선의 상징적 공간이었고 16세기 이후에는 사찰의 모습을 찾아볼 수 없게 되었다. 홍천사興天寺, 원각사圓覺寺 등 큰 사찰들이 화재로 불태워지거나 폐사되었고 이후 19세기 말까지 사대문 안에 새로 세워진 사찰은 없었다. 반면 산속에 있던 산사는 재정적 여건과 상황에 따라 오르내림을 거듭하기는 했지만, 전국적 차원의 급격한 변동 양상은 보이지 않는다. 대신 조선왕조 500년 동안 산사는 개개

인의 복을 바라고 안녕을 비는 불교 신앙의 거점으로서, 각 지역의 종교 문화의 중심지로서 기능했다.

기존의 한국 불교사 개설서에서도 조선시대 불교의 특성을 나타내는 상징적 용어로서 산사가 주목되었다. 김영태의 『한국불교사』(1997)에서는 조선을 산중 승단의 '산승山僧시대 불교'라고 규정하며, 16세기 중반 이전의 '선교양종禪敎兩宗 존립기', 17세기 전반까지의 '산승 가풍 확립기', 17세기 후반 이후의 '삼문수업 존속기'로 시기 구분을 했다. 또한 최근에 나온 정병삼의 『한국불교사』(2020)에서는 조선 전기에 억불 정책이 추진되는 상황에서도 선종과 교종의 양종 체제가 가동되고 불교 신앙이 이어졌다고 보았고, 조선 후기에는 다양한 전통이 계승되었다고 평가하면서 '산사 불교'를 그 특징으로 내세웠다.[1] 그런데 산속에 있는 사찰인 산사에서 일상생활을 영위하는 이들은 승려였고, 수행과 의식 등 대개의 행위가 모두 사찰 공간 안에서 이루어졌다. 승려의 교육 또한 산사에서 행해졌는데, 규모가 큰 거찰에는 경전과 논서를 강의하고 배우는 강원講院이 개설되어 강학講學 교육이 펼쳐졌다. 이뿐 아니라 산사는 일반 대중들의 기도처이자 불교 신앙의 발원처였다.

근대기에 들어서면 산사의 분위기를 묘사한 외국인의 글에서 한국 불교의 전통을 바라보는 타자의 시각을 읽을 수 있다.

일제강점기의 대표적 식민사학자인 다카하시 도루高橋亨가 '조선 불교'에 대해 새롭게 생각하게 된 첫 장면을 소개해 본다. 조선총독부의 종교 및 도서 조사 촉탁으로 근무하던 다카하시는 1912년 여름에 『조선왕조실록』 등이 보관된 사고史庫 조사를 위해 강원도 오대산에 있는 월정사月精寺에 갔다. 그는 사고 인근의 영감암靈鑑庵에서 약 보름 동안 머물면서 월정사와 상원사上院寺에서 정진 수행에 힘쓰고 있는 승려들의 모습을 보고 깊은 인상을 받았다고 회고한다.

다카하시는 당시 선 수행과 강학에 매진하고 있던 수십 명의 승려들을 떠올리며 "조선의 불교는 척불로 인해 사회적으로 종교의 기능을 박탈당하고 산속에 유폐되어 그 형기가 완전히 죽은 것 같지만, 이런 깊은 산속의 큰 사찰에 오면 아직도 그 정신을 잇고 있고 세속을 떠난 탈속적 분위기가 충만하다. 그때 조선 불교를 단지 과거의 종교로만 볼 것이 아니라 그 시작과 전개 과정이 어땠는지를 해명해야겠다고 생각하고 돌아와서 조선 불교사 연구에 착수했다"라고 밝혔다.[2]

그는 오대산을 다녀온 지 얼마 되지 않아 조선 불교에 관한 글(1912)을 처음 썼는데 여기서는 "조선 왕실이 불교를 믿지 않았다고 생각했는데 이는 잘못이었다"라고 하면서, "조선 불교는 순수한 종교의 관점에서 볼 때 결코 사라진 것이 아니었고 지금까지도 살아 있다. 나는 여러 문제에 대해 충분히 연구를 수행하고자 한다"라고 하여 연구 의욕을 불태웠다.[3] 이후 다카하시는 한국 불교 종파의 변천사와 사찰의 현황, 종교사의 관점에서 바라본 신앙, 승직僧職과 승병僧兵 등 다양한 주제에 걸쳐 연구를 수행했다. 그 결과물로 나온 것이 바로 조선시대 불교를 처음으로 개설한 『이조불교李朝佛敎』(1929)였다. 그는 앞서 한국의 사찰을 다룬 글(1916)에서 "조선의 절들은 대개 깊은 산골짜기에 있고 일본처럼 사찰마다 지정된 신자 가문인 단가檀家가 없는 대신 소유한 토지 등의 재산 수입으로 유지된다. 또한 조선의 이름난 사찰에는 승려들이 매우 많다"라고 하여,[4] 독자적 재산을 보유하고 적지 않은 승려가 거주하는 산사에서 한국 불교의 특징을 찾고 있다.

이처럼 한국 사찰의 특징이 '산사'로 정립되는 과정을 조선 전기 불교사의 흐름 속에서 살펴보자. 조선은 흔히 '숭유억불崇儒抑佛'의 시대로 불린다. 하지만 이는 당시의 용어는 아니며 20세기 초의 신문 사설에서 일본과 비교하면서 조선의 역사를 평가할 때 나온 신조어이다. 어쨌든 불교에서 유교로의 교체, 억불 정책과 쇠퇴라는 도식은 조선시대 불교를 설명하는 핵심 개념으로 자리를 잡았다. 실제로 조선왕조는 개창 직후부터 국가를 운영하는 이념으로 유교를 전면에 내세웠고 불교에 대한 통제와 축소라는 정책의 기조를 명확히 했다. 다만 불교 시책의 강도와 완급의 조정은 시기마다 달랐다. 제3대 국왕인 태종이 억불의 깃발을 높이 든 이래 세종 후반과 세조 대에 비록 유화적인 분위기가 형성되었지만 불교 정책의 틀과 방향은 크게 바뀌지 않았다. 더욱이 성종 대에 몇몇 억불 시책이 단행되고 연산군 때에 우발적인 폐불 행위가 이루어진 이후 16세기 초반의 중종 대에는 『경국대전經國大典』에 명기된 법적 근거까지 효력을 잃으면서 선종과 교종의 양종으로 이어져 온 승정 체제가 막을 내렸다.

그러다가 16세기 중반에 명종이 즉위하고 모후인 문정대비가 수렴청정을 하게 되면서 선교양종이 일시적으로 다시 세워졌다. 이때 『경국대전』의 도승度僧조에 규정되어 있던 법제를 되살렸고, 승려 자격증이라 할 수 있는 도첩度牒 발급이 재개되었다. 또 승과僧科 시험을 치러서 고위직 승려를 선발하고 국가 지정 사찰의 주지 등 승직을 다시 주었다. 비록 15년 정도 되는 짧은 기간이었지만 선종과 교종의 재건은 불교 교단의 인적 계승을 합법적으로 가능케 했다. 당시 많은 수의 도첩이 지급되면서 법의 테두리 내에 있는 승려들이 다수가 되었고, 청허 휴정淸虛休靜, 사명 유정四溟惟政 등 승과에 합격한 고승들이 불교계를 이끌었다. 이들은 1592년에 발발한 임진왜란 때 의승군 활동을

하면서 충의의 공을 세웠고 조선 후기 불교가 존립할 수 있는 기반을 만들 수 있었다.[5]

1392년에 조선이 개국한 후 불교 시책의 변화 과정을 왕대별로 간략히 정리해 본다. 먼저 태조는 불교를 깊이 믿었고 또 왕조 창업으로 민심의 안정을 도모하는 것이 시급한 과제여서 이전과 다른 파격적인 조치는 내리지 않았다. 다만 신생 국가의 운영 기반을 튼튼히 하기 위해 불교계의 오랜 폐단을 개혁하고 그 사회경제적 특권을 줄이자는 신료들의 의견을 마냥 무시할 수만은 없었다. 원래 승려는 국가의 역役을 면제받는 특수한 존재였기에 그 수가 많으면 국가 재정에는 도움이 되지 않았다. 그래서 승려의 수를 제한할 필요에서 승려 자격을 국가에서 인정하는 도첩의 발급 조건을 엄격하게 했다. 조선 초에 도첩을 받기 위해서는 정전丁錢을 내야 했는데 신분에 따라서 양반은 포布 100필疋, 양인은 150필, 천인은 200필을 요구했다.

그러다 태종이 왕위에 오르면서 억불 정책이 본격적으로 시행되었다. 태종은 고려 말에 국가 최고 교육기관인 성균관에서 교육을 받았고 과거 시험에 합격한 이력에서도 볼 수 있듯이 유교적 소양을 갖춘 군주였다. 더욱이 조선 개창에 큰 역할을 했고 왕자의 난을 일으키고 즉위하여 강력한 왕권을 휘두를 수 있었다. 그런 태종이었기에 재위 6년째인 1406년에 불교 교단에 대한 전면적 개혁을 단행했다. 이때 11개 종파와 그에 속한 242개 사사寺社만을 국가에서 관리하는 승정僧政 체제 안에 두었다. 3월 27일의 『태종실록』 기사에 따르면, 242사는 조계종曹溪宗과 총지종摠持宗을 합쳐서 70사, 천태天台의 소자종疏字宗과 법사종法事宗 43사, 화엄종華嚴宗과 도문종道門宗 43사, 자은종慈恩宗 36사, 중도종中道宗과 신인종神印宗 30사, 남산종南山宗 10사, 시흥종始興宗 10사였다.

이들 242사에는 기존에 가지고 있던 토지 외에 추가로 전지가 지급되었고, 그 결과 총 11,000여 결을 보유하게 되었다. 반면 242사를 제외한 전국 사찰의 토지 가운데 공적인 성격을 갖는 수조지收租地, 그리고 사원에 속한 상당수의 노비가 관공서에 귀속되었다. 당시 사사전寺社田은 3-4만 결, 사사노비寺社奴婢는 8만 명이나 환수되었다고 한다. 고려 말에는 사사전이 10만 결 이상이었다는 기록도 있는데 사찰이 보유한 전체 토지의 규모가 어느 정도였는지 정확히는 알 수 없지만, 이때의 조치로 사원경제가 매우 큰 타격을 입은 것은 사실이다. 비록 승려를 대거 환속시키거나 승정 체제에 속하지 않은 사찰을 전부 없애는 등 말 그대로의 폐불 사태는 일어나지 않았지만, 결과적으로 불교계의 축소 재편과 각자도생으로 이어졌다.

이듬해인 1407년 12월 2일 『태종실록』을 보면, 국가에서 인정한 11개 종파를 다시 조계종, 화엄종, 천태종, 자은종, 중신종中神宗, 총남종摠南宗, 시흥종의 7개 종파로 통합·축소했다. 이와 함께 승정 체제에 속한 242개의 사사 가운데 고려 이래의 비보사裨補寺이면서 주로 지방 읍치에 위치한 자복사資福寺 88사를 대신하여 명산에 자리 잡은 큰 사찰을 지정했다. 이는 지방 공간 질서의 유교적 재편을 추진하는 과정에서 지역 중심지에 소재한 사찰, 그것도 고려적 전통과 밀접한 관계가 있는 곳을 전략적으로 배제하려는 조치였다.

태종 대의 불교 정책과 그에 따른 변화상을 '산사'로의 전환이라는 문제와 연계하여 생각해 보자. 앞서 고려시대에는 사찰이 산간뿐 아니라 도회지나 주요 교통로 등 다양한 입지에 자리 잡고 있었다. 나말여초 시기 풍수지리風水地理의 대가였던 도선道詵(827-898)이 점지한 비보사裨補寺는 고려시대에 지역별 거점 사찰의 역할을 했다. 고려 태조가 남긴 「훈요십조訓要十條」에는 "정해 놓은 이외의 땅에 함부로 절을 세우면 지덕志德을 손상하고 왕업이 오래가지 못할 것이다"라는 도선의 말을 인용하며 이를 지킬 것을 요구했다. 이처럼 비보사는 고려시대에 확고한 위상을 가지고 있었지만, 조선이 개국하고 나서 지역 중심 사찰인 자복사資福寺(비보사)의 권위는 크게 흔들리게 되었다.

조선 초에 자복사가 오랜 기득권을 잃고 축소되어 간 모습

그림 1 〈선암사 도선 진영〉, 위키미디어에서 전재

은 실록 기사에서 확인된다. 먼저 1402년(태종 2) 4월 22일에는 선종과 교종의 여러 종파를 조계종과 화엄종으로 각각 합치고 고려 때부터 국가가 관리해 오던 전국 사찰 명부인 밀기密記에 수록된 서울과 지방 70개 사사를 두 종파에 나누어 속하게 하자는 논의가 있었지만, 당장은 시행되지 않았다. 그러다 1406년 11종 242사가 국가의 승정 체제 안에 편제되면서, 3월 27일의 『태종실록』을 보면, 신도(한양)와 구도(개성)에는 오교양종五教兩宗 각 1사, 지방의 목牧과 부府는 선종과 교종의 각 1사, 군현郡縣에는 선종과 교종 중 1사가 포함되었다. 한양과 개성의 선종과 교종 사찰 한 곳씩에는 전지 200결, 노비 100명, 승려 100명이 허용되었고, 다른 사사는 속전 100결, 노비 50명, 승려 50명으로 정해졌다. 도별로는 선종과 교종 중 사찰 한 곳에 속전 100결, 노비 50명, 읍내 자복사는 전지 20결, 노비 10명, 읍외 사사에는 전지 60결, 노비 30명이 인정되었고 승려 수는 전지 2결당 1명이었다.

그런데 앞서 언급했지만 1407년에 88개의 명찰을 새로 선정하여 242사 가운데 읍치에 있는 자복사 88개를 대체하게 했다. 당시 역사가 오래된 명찰이 242개 사찰 안에 포함되지 못했다거나 이미 폐사된 읍내 사찰에 주지가 임명되는 사례까지 있다는 등 문제점이 지적되었고 그래서 산수가 뛰어난 곳의 대가람을 골라 이를 대신하게 했다고 한다.[6] 이처럼 읍치의 자복사가 명산의 사찰로 바뀌는 과정은 바로 평지 사찰이 사라지고 산사만 남게 되는 긴 여정의 출발점이라고 할 수 있다.

그런데 파격적인 불교 정책이 단행되고 1년 남짓 만에 왜 88개의 읍치 자복사를 명산에 있는 사찰로 대체해야 했을까? 이와 관련해 태종 대에 추진된 지방 질서 재편 시도와 자복사의 성격에 대해 한 번쯤 생각해 볼 필요가 있다. 고려의 지방 질서는 향리鄕吏가 주도했고 주요 지역에만 지방관이 보내졌는데 조선에 들어와서는 전국 각지에 수령守令이 파견되기 시작했다. 『세종실록지리지』에는 전국의 주부군현州府郡縣 수가 330개로 나오며 당시 수령이 있는 군현은 245개 정도였을 것으로 추정된다. 따라서 242개의 사사는 대체로 전국의 군현을 대표하는 사찰이었음을 알 수 있는데, 그 선정 기준은 고려의 밀기에 수록된 주현 단위 비보사와 답산기踏山記에 실린 곳이었다.[7]

읍치에 소재한 88개 자복사를 명산의 사찰로 대체한 것은 국가에 의한 사전祀典 정비와 지역 질서의 개편 움직임과 관련이 있다. 조선 초에는 지역의 지배 질서가 수령 주도 방식으로 바뀌면서 고려 이래의 전통이 무너졌고, 특히 태종 대는 지방단위에서 유교적 예제禮制 구현이 처음 시도되던 때였다. 지방의 주현 단위에는 사직社稷이 건립되고 문묘文廟의 석전釋奠, 여제厲祭 등도 제사 의식을 통일하여 실시되기 시작했다.[8] 이후 세종 대인 1424년과 1426년에는 여제를 지내는 여단厲壇과 사직단社稷壇이 군현 단위까지 설치되었다. 또 1433년에는 군현에 성황단城隍壇이 설립되고 명의 홍무예제洪武禮制에 의거한 성황제城隍祭가 처음으로 거행되었다.[9]

지역 중심지인 읍치의 자복사는 고려 비보사의 유산이었고 새로운 예제의 도입과 정착을 위한 전면적 개혁의 타파 대상이 되었다. 다만 처음에는 강압적 방식보다는 일종의 유인책이 동원되었다. 읍내 자복사에는 토지 20결, 노비 10명, 승려 10명까지 인정되었지만, 읍치 밖 명산의 사사에는 토지 60결, 노비 30명, 승려 30명으로 그 수가 3배까지 허용되었다. 그렇기에 자복사에서 산중의 명찰로 군현의 지정 사사를 바꾸는 것은 해당 지역 불교계의 입장에서 불리한 일만은 아니었다. 하지만 급속한 개편 시도가 한 번에 성공하기는 어려워서, 자복사 주지가 새로 지정된 명산의 사찰로 옮겨 감에 따라 불편함이 생겼다는 등 또 다른 문제가 불거졌다. 이에 88개 읍내 자복사의 지정 해제 조치가 다시 철회된 사실을 1412년 12월 11일의 실록 기사에서 볼 수 있다. 이처럼 '읍내 자복사'를 둘러싼 논란과 시행착오가 이어지다가 결국 1424년에 각지의 자복사를 승정 체제 내의 지정 사찰에서 제외하는 조치가 최종적으로 내려졌다.[10]

세종 대에도 앞서 태종 때 단행된 불교 정책의 기조가 그대로 이어졌다. 1424년(세종 6)에는 기존의 7개 종파를 선종과 교종의 양종으로 통합했고, 선종과 교종에 각각 18개씩 총 36개의 사찰이 국가의 승정 체제 안에 편제되었다. 선교양종 36사는 태종 대의 242사처럼 군현을 대표하는 사찰이 아닌, 훨씬 더 넓은 광역의 도 단위로 지정되었다. 이 중 서울과 개성 및 경기도 일원의 17개 사사를 포함해 20개 이상이 왕실과 직접 관련된 사찰이었다. 공인된 36사에는 소속 승려와 소유 토지의 규모가 정해졌는데, 4월 5일의 『세종실록』 기사에 따르면 선교양종 36사에 배정된 승려 수는 선종 1,950명, 교종 1,800명, 합쳐서 3,750명이었다. 또 허용된 사사전은 선종 4,200여 결, 교종 3,700결을 합쳐 7,900여 결이었다. 이는 태종 대에 242사에 속한 전지가 11,000여 결이었던 것에 비해 3,000결 이상 줄어든 수치였다. 이때 36사에는 150결에서 500결까지의 토지가 차등적으로 지급되었고 태종 때와 마찬가지로 승려 수는 2결당 1명 꼴이었다.

한편 고려 말 이래 승적僧籍과 인사 관리 등 승정 관련 업무를 담당하던 국가관서 승록사僧錄司 또한 이때 폐지되었다. 대신 서울의 흥천사興天寺와 흥덕사興德寺에 선종과 교종의 자체 관리 기구인 도회소都會所가 두어졌고, 고위 승려를 선발하는 승과도 선종과 교종에서 각각 시행했다. 이뿐 아니라 왕실불교를 상징하는 궁궐의 내불당內佛堂을 없애고 승려의 무분별한 도성 출입을 제한하기도 했다. 세종은 왕세자(문종)를 책봉할 때 성균관에 입학해 공자孔子의 위패에 절하는 의식을 처음으로 행하게 했다. 고려의 국왕이 왕사와 국사에게 예를 올리고 스승으로 모셨던 것과 비교해 보면, 불교에서 유교로의 교체를 한눈에 볼 수 있는 상징적 장면이다.

세종 때에 정립된 이 선교양종 체제는 15세기 내내 지속되다가 16세기 초인 1512년(중종 7)에 막을 내렸다. 이후 16세기 중반 문정대비에 의해 재개되었지만 약 15년의 짧은 기간 동안 지속되었고 이후 역사의 무대에서 완전히 사라졌다. 하지만 조선 개국 후 100여 년 이상 국가에 의해 승정 체제가 운영된 사실은 매우 중요하다. 승정 체제 운영 기조의 핵심은 사찰과 승도를 지원하고 관리·통제하는 국가 시스템을 축소 재편하는 것이었다. 그리고 여기에 포함되지 않는 그 밖의 대부분 사찰은 재정 기반과 주어진 여건에 따라 자력갱생하면서 각자 흥망의 갈림길에 서야 했다.[11]

세종 대의 선교양종 체제 성립 후 승정 체제의 시기별 변화와 특징을 간략히 기술한다. 세조는 태조와 함께 조선의 국왕 가운데 가장 불교를 높이 받든 호불 군주였다. 세종의 둘째 아들이었던 수양대군(세조)은 형인 문종의 적자인 조카 단종을 쫓아내고 왕위를 찬탈했다. 그렇기에 민심을 되돌리고 지지기반을 넓히기 위해서 불교를 적극적으로 활용할 수밖에 없었다. 세조는 간경도감刊經都監을 설치하여 많은 불서를 간행했고 한글로 언해諺解하여 널리 보급했다. 이뿐 아니라 서울 도심 한복판에 원각사元覺寺와 탑을 높이 세웠고, 양양 낙산사洛山寺 등 각지의 사찰을 중창하고 많은 양의 사원전을 내렸으며, 예천 용문사龍門寺와 강진 무위사無爲寺 등에 잡역을 면제하는 교지를 내렸

그림 2 **서울 원각사지 십층석탑**, 위키미디어에서 전재

다. 이때 특혜를 많이 입은 사찰 가운데 부를 증식하고 산업을 경영한 곳이 나오면서 사회적 문제로 비화하기까지 했다. 세조대에도 불교 정책의 기조는 유지되었지만, 국가의 역을 피해 불

법적으로 출가한, 도첩 없는 비공인 승려들이 급증했다.

이후 성종이 13세의 어린 나이로 왕이 되자 대왕대비인 세조비 정희왕후가 수렴청정했다. 그 영향인지 성종은 "이단인 불교는 그대로 내버려두고 믿지 않으면 그만이다. 또한 승려도 백성이므로 없앨 수 없다"라고 하며 급격한 정책상의 변화를 시도하지 않았다. 그러다가 20세 이후 직접 친정을 하면서 신료들의 의견을 수용하여 강도 높은 억불 시책을 펼쳤다. 이때 도성 내의 염불소와 비구니 사찰이 철거되고 불교식으로 행하던 국왕의 탄신재誕辰齋가 중단되었다. 이 시기에는 사림士林세력이 중앙정계에 진출해 언론을 주도하며 불교계의 폐단을 집요하게 비판하고 나섰다. 특히 10만 명 이상으로 추산되는 역을 지지 않고 피한 피역자 문제가 정치 쟁점이 되면서, 도첩의 신규 발급을 중단하는 조치도 내려졌다.

이와는 달리 성종 대에 나온 조선의 공식 법전 『경국대전』에는 도승과 선교양종, 승과 등의 불교 관련 조항이 명기되었다. 그 초안은 앞서 세조 대에 만들어졌는데, 당시 승려 자격을 얻으려면 선교양종에 신고하고 정해진 절차를 거쳐야 했다. 정식 승려가 되면 국가에 지는 역을 면제받기 때문에 정포 30필을 대신 내야 했다. 이러한 조건만 충족되면 양반, 양인, 천인의 신분에 상관없이 누구나 도첩을 받을 수 있었다. 승과 항목에는 선종의 『전등록傳燈錄』과 『선문염송禪門拈頌』, 교종의 『화엄경華嚴經』처럼 각각의 시험 교재가 정해졌고, 국가 승정 체제에 속해 있는 사찰의 주지는 예조에서 승과 출신을 임명하게 했다. 또한 사찰의 중수는 가능했지만 신규 창건은 금지했고, 토지와 노비를 절에 시주하는 것도 원칙적으로는 막았다. 이뿐 아니라 승려의 수와 거주공간도 제한되었다. 이처럼 불교에 대한 관리 제도와 제한 조치가 법전에 명문화되어 시행된 것이다.

성종을 이어 집권한 연산군은 조선왕조의 대표적인 폭군이었다. 다만 즉위 초에는 선왕의 명복을 비는 수륙재水陸齋를 시행하려 하는 등 불교에 적대적 입장을 드러내지는 않았다. 그러나 1504년(연산군 10)에 일부 관료와 유생을 죽음으로 모는 갑자사화를 일으키며 폭정을 이어 갔고 급기야 우발적인 폐불 상황이 벌어졌다. 공자를 모시는 학문의 전당인 성균관을 폐쇄하고 왕의 연회장으로 쓰는 등 도를 넘어선 일탈 행위가 계속되었다. 이는 불교에까지 불똥이 튀어 세조가 창건한 원각사가 기생의 숙소로 쓰이기도 했다. 한편 서울 안의 선교양종 도회소인 흥천사, 흥덕사가 철폐되어 한강 남쪽 교외의 청계사淸溪寺로 옮겨 갔다. 또 3년에 한 번씩 시행되어야 할 승과가 치러지지 않았고, 이듬해에는 면세지인 사원전을 몰수하고 승려를 환속시키라는 말 그대로의 폐불 명령이 내려졌다. 뒷날 불교 측의 기록에서는 이때를 '승려가 사태를 당한 암울한 시기'로 묘사했다. 하지만 불행 중 다행으로 얼마 뒤에 중종반정이 일어나서 연산군은 폐위되었고 불교계는 폐불 위기를 가까스로 면할 수 있었다.

반정으로 왕위에 오른 중종은 왕권을 강화하고 흐트러진 민심을 수습하는 것이 과제였다. 그래서 즉위 초에는 역대 선왕의 유훈을 내세워 연산군 말년에 환수된 왕실 관련 수륙사水陸寺와 능침사陵寢寺의 전답 반액을 돌려주었고, 도성 내 비구니 사찰인 정업원淨業院을 재건했다. 그러나 조광조趙光祖(1482-1519) 등 급진 사림세력이 공론公論을 주도하면서 승과를 더는 시행하지 않았고 일부 폐사가 된 사찰의 전답이 유교 교육기관인 향교鄕校로 이관되기도 했다. 결국 1512년(중종 7)에는 선종과 교종의 양종이 혁파되었고 1516년에는 『경국대전』의 도승 조항이 사문화되었다. 이로써 승려 자격을 나라에서 인정하는 도승제가 더는 시행되지 않게 되었는데 이는 불교 존립의 기본 전제인 승려의 법적·제도적 근거가 사라졌음을 의미한다. 이뿐 아니라 능침사 외의 사찰에서 기신재忌晨齋를 금지하는 등 왕실불교에 대한 견제도 심해졌다.

연산군 말년과 중종 전반의 이러한 급격한 변화는 "승려들이 머리를 기르고 환속하여 절에 승려가 남지 않았다"라는 후대의 평가를 낳았다. 또 이전부터 내려오던 선종의 사법 계보가 거의 단절되다시피 한 것에서도 억불 정책의 강도와 그 현실적 파급력을 짐작해 볼 수 있다. 하지만 법제에 근거한 승정 체제가 사라지면서 나라의 역을 피하여 불법적으로 승려가 되는 이들이 급증했고 점차 큰 사회문제가 되었다. 마침 기묘사화를 통해 사림의 주류세력이 물러나고 중종 후반기에 척신들이 다시 정국을 운영하게 되면서 불교를 활용하는 공리적 시책이 일시적으로 펼쳐졌다. 이는 도첩 없는 승도를 국가의 공역에 동원하고 신분증명서인 호패號牌를 지급하여 승려로서의 활동을 암묵적으로 용인하는 방법이었다.

중종 전반기에 승정 체제가 폐지되었지만 16세기 중반 명종대에 불교계는 기사회생의 전기를 맞이하게 되었다. 명종의 모후이자 중종의 비인 문정대비에 의해 1550년(명종 5) 선종과 교종의 양종이 다시 세워지고 도승과 승과가 재개되었다. 문정대비는 불법적인 승려가 많이 늘어나 그 폐단이 심각하다고 하며, 『경국대전』의 선교양종과 도승 제도를 다시 시행하여 승려 수를 조절하고 교단을 합법적으로 통제·관리할 것을 명하였다. 이때 허응 보우虛應普雨(1509-1565)가 선종 본사인 봉은사奉恩寺의 주지로서 선종의 판사判事로 임명되었고 교종판사가 된 수진守眞이 교종 본사 봉선사奉先寺의 주지가 되었다.[12]

결과적으로 승정 체제의 폐지는 불교계에 큰 타격을 주었지만, 16세기 중반에 선교양종이 재건되고 그것을 기반으로 얼마 뒤에 임진왜란의 의승군 활동이 펼쳐짐으로써 불교계는 재기의 전기를 만들 수 있었다. 16세기에 사찰판 불서의 간행이 급증하고 청허 휴정의 조사인 벽송 지엄碧松智嚴, 스승인 부용 영관芙蓉靈觀의 행적에서 볼 수 있듯이 교육을 통해 선과 교의 전수가 이루어졌다. 이처럼 불교계는 어려운 상황에서도 자립의 길을 모색하며 새로운 활로를 찾아 나갔고 법제적 폐불 상황에서도 사찰과 승려의 존재는 사라지지 않았다.

다음으로 산사를 중심으로 한 사찰 수의 변동 추이를 시기별로 비교해 본다. 조선 전기 전국의 사찰 수를 알 수 있는 자료로는 『신증동국여지승람新增東國輿地勝覽』(1531)이 있다. 여기에는 각 군현의 대표 사찰과 암자가 불우佛宇조에 기재되어 있는데 총 1,658개의 사암이 확인된다. 도별로는 경상도가 284개, 전라도 280개, 충청도 260개로 1-3위를 차지하고 있는데 이는 군현 수와 인구에 비례한다. 18세기 영조 대에 나온 『여지도서輿地圖書』의 사찰조에는 1,537개의 사암이 수록되어 있다. 여기에서도 경상도가 331개로 압도적으로 많으며 2위 전라도 217개에 비해 큰 차이를 보인다. 또 서울 인근 경기도의 사찰 수가 조선 전기와 비교하여 많이 감소한 점이 눈에 띈다.[13] 18세기 말 정조 대에 만들어진 『범우고梵宇攷』에는 모두 1,760여 개의 사암이 기재되어 있는데, 『여지도서』에 비해 200개 이상 늘어난 수치이지만 이미 폐사된 사찰까지 적고 있어서 실제로는 큰 차이가 없다.[14] 이처럼 조선시대에는 적어도 1,500개 이상의 사찰과 암자가 전국적으로 분포했는데, 조선 후기에는 평지나 도회지가 아닌 산속에 있는 산사가 대부분이었다.

끝으로 조선 전기 승정 체제에서 승려의 자격 조건과 인사 규정의 변화, 그리고 후기의 승역僧役 활용 양상에 대해 살펴본다. 조선 초의 법전인 『경제육전經濟六典』에는 국가에서 승려 자격을 허용하는 도승度僧의 대상과 절차, 위반자 처벌 등을 법적으로 규정했다. 당시는 '제도적 출세간'을 의미하는 도첩이 면역免役의 법적인 증빙이었고 정부는 도첩 승도의 수를 제한하고 줄이는 데 정책의 일차적 목표를 두었다. 조선 초에 도첩을 얻어서 정식 승려가 되려면 신분에 따라 양반은 포 100필, 양인은 150필, 천인은 200필을 내야 했다. 양인이나 천인이 승려가 되면 법적 의무 사항이었던 양역良役이나 천역賤役을 지지 않기 때문에 그에 대한 면역의 대가를 차등적으로 요구한 것이었다.[15] 1408년(태종 8) 5월 10일의 실록 기사에 따르면 양반부터 천인까지 누구나 승려가 되는 당시의 풍조가 비판되기도 했다.

1485년(성종 16)에 반포된 『경국대전』 도승조에는 정식 승려가 되려면 출가 후 3개월 안에 선교양종에 신고하고 삼경三經[16]을 독송한 뒤에 정포 30필을 내야 도첩을 발급하게 되어 있다.[17] 이는 앞서 세조 대에 입안된 규정이 법전에 실린 것이었다. 그런데 6년이 지난 1491년에는 국가의 역을 피해 승려가 된 피역승避役僧의 급증이 큰 사회문제가 되면서 승려가 되는 것을 막으려는 금승禁僧 방안이 재차 논의되었다. 이듬해 2월에는 군역軍役을 피하여 불법으로 승려가 되는 것을 금지하는 금승절목禁僧節目이 제정되었고 도첩 발급이 일시 중지되었다. 다만 1497년(연산군 3)에 비록 적은 수였지만 도첩이 다시 발급되기도 했다.[18]

조선 전기에 승정 체제가 가동되었을 때는 도첩을 얻어서 정식 승려가 된 이들 가운데 승과 시험을 통과하면 승계僧階를 부여받고 승직僧職을 얻었으며 국가 지정 사찰의 주지로 임명되고는 했다. 승과의 운영 절차와 합격자 수는 법적으로 정해져 있었는데, 과거 시험과 마찬가지로 3년에 한 번씩 실시되었고 선종과 교종 모두 2단계의 시험 절차를 거쳐야 했다.[19] 승과는 연산군 때 일시 중단되었고 1507년에 폐지되었으며, 1516년에 『경국대전』의 도승조가 사문화되면서 승과를 비롯한 승정 체제의 법적 효력이 사라지게 되었다.

이후 명종 대에 선교양종이 다시 세워지면서 승과도 재개되었는데, 승과에 합격한 이들을 왕실 관련 사찰의 주지로 임명하는 등 승직을 주었다. 1552년(명종 7) 1월 27일 『명종실록』 기사에 따르면, 이때 왕실의 재정 기반과 밀접한 관련이 있는 내원당內願堂이 79개에서 395개소로 급증했고, 승과 출신의 주지나 지음持音이 파견되고 조세가 면제되었다. 승과 시험은 선종은 『전등록』과 『선문염송』, 교종은 『화엄경』과 『십지경十地經』을 교재로 했고, 선종과 교종 승과의 합격 정원은 각각 최대 30명이었다. 예를 들어 1552년 4월에 시행된 승과에서는 선종 21명, 교종 12명을 뽑았는데 청허 휴정도 이때 선종 승과에 합격하여 대선大選의 승계를 받았다. 그리고 당시 양종에서 시경試經 시험을 보아 도첩을 편법으로 수여하여 약 2,600명이 승려 자격을 얻게 되었다.[20]

하지만 문정대비 사후 1,000건에 이르는 관료와 유생들의 상소가 빗발치듯 올라오면서 양종을 존속시키라는 대비의 유언에도 불구하고 다음 해인 1566년에 양종이 혁파되고 도승과 승과 또한 폐지되었다. 비록 15년 정도의 짧은 기간이지만 선교양종 재건과 도승 및 승과의 재개는 불교계의 인적 재생산과 교단 조직화를 다시 추동하는 계기가 되었다. 조선 초부터 국가의 불교 정책은 규제와 축소를 기본 방침으로 하여 종파 관리와 승려 수 억제를 추진해 왔다. 그러다 16세기에 들어 국가의 운영 체제에서 승정을 제외하면서 불교 교단을 방임 상태로 두었다. 다만 양종의 일시 복립으로 합법적인 승려 수가 크게 늘면서 안정적 토대 위에서 불교의 존립이 어느 정도 가능해졌다. 그 결과 16세기 후반에는 저술 활동과 교육, 불서 간행 등이 활발해진 모습을 볼 수 있다.

1592년부터 7년 동안 이어진 임진왜란의 의승군 활동은 불교에 대한 사회적 인식을 바꾸고 위상을 높이는 결과를 가져왔다. 여말선초부터 불교는 국가 운영에 도움이 안 되고 충효와 같은 윤리에 어긋난다는 비판을 받아 왔다. 하지만 국가의 명운이 달린 전쟁이라는 위기 상황에서 승군이 들고일어나 공적을 세우고 백성과 나라를 구했다는 인식이 널리 퍼지게 되었다. 팔도 도총섭으로 승군을 이끈 청허 휴정, 사명 유정 등은 그 공을 인정받아 18세기에는 국가에서 지원해 제사를 지내는 표충사表忠祠와 수충사酬忠祠가 지정되기도 했다. 결국 의승군 활약은 조선 후기에 불교가 전통을 계승하며 기반을 확대할 수 있는 중요한 계기가 되었다.

한편 승군 전통은 임진왜란 이후에도 이어져, 인조 대에 서울을 수호하며 언제 있을지 모를 전쟁에 대비하기 위해 남한산성南漢山城을 축성할 때 승군이 동원되었다. 남한산성의 초대 도총섭은 벽암 각성碧巖覺性(1575-1660)이었고 1626년에 완성된 산성 안에는 9개의 사찰이 조성되었다. 이후 남한산성에는 승군

그림 3 남한산성, 국가유산청 국가유산포털에서 전재

이 주둔하며 산성을 방어했는데 이들을 의승군이라고 불렀다. 이뿐 아니라 두 번의 호란胡亂 때도 승군이 조직되었는데, 정묘호란 때는 사명 유정의 문손 허백 명조虛白明照(1593-1661)가 팔도의승도대장義僧都大將이 되어 4천여 승군을 일으켰고 평안도 안주 방어에 가담했다.[21] 이어 병자호란 때는 벽암 각성이 전라도 화엄사華嚴寺에서 승군 3천 명을 모아 항마군을 조직하여 인조를 구하기 위해 북진하는 등 의승군의 맥은 끊기지 않았다.

의승군 활동은 불교 존립의 중요한 계기가 되었을 뿐만 아니라 승려 노동력의 제도적 활용이라는 정책적 변화를 낳았다. 임진왜란 당시부터 산성 축조 등을 승군이 담당했던 만큼 전후에도 도로와 다리 보수, 축성과 궁궐 조영 등에 승도가 동원되었다.[22] 이처럼 승려의 노동력에 특별히 주목하게 된 근본적 이유는 전란을 겪은 뒤 정부에서 편제 가능한 양역良役이 급감했기 때문이다. 그렇기에 요역徭役을 직접 징발하는 대신 물품으로 내는 방향으로 정책상의 전환이 추진되었다. 당시 민생이 피폐하고 경제 기반이 무너진 상황에서 시급한 전후 재건사업을 추진하기 위해서는 다른 방도를 찾아야 했는데, 그중의 하나가 바로 국역체계 안에서 승역을 운용하는 것이었다. 국가는 승도의 노동력을 쓰는 대가로 승역을 진 승려에게 호패나 도첩을 발급해 주었다. 남한산성 의승군의 경우 먼저 도첩을 주어 승려임을 보증한 뒤에 일을 마치고 나면 호패를 발부해서 역을 마친 사실을 입증해 주었다.[23]

승역은 궁궐, 산성, 능묘, 제방 등의 조영에도 적용되었고 국역체계 안에서 제도적으로 운용되었다. 이처럼 17세기 전반에 승역이 정착되기 시작하면서 승군을 이끌고 관리하는 총섭 직책도 예조를 통해 정식으로 임명되었다.[24] 남한산성 도총섭을 비롯하여 사고, 표충사, 국왕의 제전祭奠 및 왕실 원당 사찰 등

그림 4 **오대산 사고**, 국가유산청 국가유산포털에서 전재

중요한 곳에 총섭이 두어졌다. 예를 들어 강화도 정족산, 강원도 오대산과 태백산, 무주 적상산에 설치된 4대 사고는 승군이 지켰는데 그 책임자가 총섭이었다. 사고에는 『조선왕조실록』과 왕실 족보인 『선원록璿源錄』 등 주요 국가기록이 봉안되었는데, 각 사고의 수호 사찰은 전등사傳燈寺, 월정사月精寺, 각화사覺華寺, 안국사安國寺였다.[25]

이처럼 국가에서 승역을 원활히 운용하기 위해 승려를 호적

대장戶籍臺帳에 등재하여 관리할 필요성이 생겨났다. 그 결과 17세기 후반부터는 본향本鄕의 호적에 승려를 기재하는 등 승려를 직역의 하나로 보고 관리했다.[26] 승려를 호적에 넣자는 논의가 제기되었을 때인 1652년 전라도에서 발급한 관부官府 문서를 보면 국가에서 승려들을 계층적으로 나누어 파악했음을 알 수 있다. 여기서는 고승高僧, 선승善僧, 범승凡僧으로 분류하고, 이들을 권면勸勉과 경계警戒의 대상으로 나누어 차별적으로 대우하려 했다. 고승은 수행에 전념하는 이들이었고, 선승 가운데서 능력에 따라 총섭 등의 직책을 주어 사찰이나 승역 관련 일을 맡게 했다.[27]

승군 및 승역을 통해 조선 후기 불교계는 국가의 재정 운용에 큰 도움을 주었고, 사찰을 중수하고 운영하는 데 필요한 재정적 기반도 만들어 갔다. 전국의 산사는 소유 전지와 산림의 경영, 신앙 행위에 따른 기부 및 후원과 함께 경제적 자구책 모색을 통해 운영되고 유지될 수 있었다. 17세기 이후 여러 형태의 사찰계寺刹契가 만들어졌고 각종 보사補寺 활동이 성행했다. 또한 왕실과 관련된 원당은 잡역과 세금이 면제되고 지원을 받는 등 특혜를 누릴 수 있었다. 이 밖에도 승려 가운데 출판 인쇄, 종이 제작, 미술 및 건축, 각종 수공업의 전문기술자가 다수 배출되었다. 현존하는 전통 사찰 대부분이 조선 후기에 중건·

중수되고 다수의 불상과 불화가 조성된 사실은 불교계의 노력이 어느 정도 성공했음을 보여 준다. 이를 기반으로 불교계는 선종의 법통을 공유하는 계파와 문파를 형성했고 강원의 교육 과정과 수행체계를 정립했다. 또한 다양한 계층의 신앙 수요에 대응하여 종교적 활로를 점차 넓혀 나갔다.

2

선과 교학의 공존과 승려 교육 과정

조선 전기에는 선종과 교종의 두 흐름이 이어졌으므로 각각의 특성에 부합하는 승려 교육이 이루어졌을 것으로 보인다. 1425(세조 7) 3월 9일의 실록 기사에는 정식 승려 자격인 도첩을 받기 위해서 공통과목인 『금강경金剛經』, 『반야심경般若心經』, 「살달타薩怛陁」(능엄주)를 암송해야 했음을 볼 수 있다. 그리고 고위 승직자를 선발하는 승과에서는 선종의 경우 『전등록』과 『선문염송』, 교종은 『화엄경』과 『십지경』을 시험 보았다. 따라서 이들 교재에 대한 교육과 학습이 중점적으로 이루어졌을 것으로 추정된다.

한편 당시에 중시되고 수요가 컸던 불서는 한글 창제 후에 번역이 이루어졌다. 15-16세기에 많은 수의 언해 불서가 간행되었으며, 조선 후기에는 앞서 나온 언해본이 다시 복각되어 유통되었는데 새로 한글 번역이 이루어진 것은 『권념요록勸念要錄』과 『염불보권문念佛普勸文』 같은 정토 신앙과 관련 있는 서책이었다. 언해본 불서가 처음 나온 15세기는 불교의 전통적 지분이 강고하게 남아 있던 시기였다. 태종 대에 승정 체제를 개혁하여 7개로 종파를 줄였고 세종 때에 선종과 교종의 양종으로 통폐합했지만, 사회에서 불교가 가진 영향력은 여전했다. 불교는 왕실에서 일반 민인까지 널리 믿었고 일부 사대부들도 불교 재회와 불사를 했다. 한글을 창제한 세종 또한 예악과 문물제도의 정비를 이룬 후 재위 후반기에는 불교에 대해 매우 호의적으로 돌아섰다. 한글로 나온 첫 책이자 수양대군(세조)이 부처의 일대기를 그린 『석보상절釋譜詳節』, 이를 토대로 세종이 부처의 공덕을 기린 『월인천강지곡月印千江之曲』의 편찬은 대중에게 익숙한 불교를 활용해 한글을 알리고 백성을 교화하는 방안이었다.

1461년에 세조가 설립한 간경도감에서 펴낸 언해 불서는 바로 이러한 맥락에서 나온 것으로, 불서를 통한 한글의 보급, 불교 대중화와 깊은 관련이 있다. 또한 언해본이 승려 교육이라는 학습의 목적도 있었다고 보기도 한다. 16세기에는 관찬 불서가 사라지고 주로 각지의 사찰에서 책을 간행했는데, 언해본의 경우 선서禪書의 비중이 커지고 밀교 관련 서적이 새로 추가되었

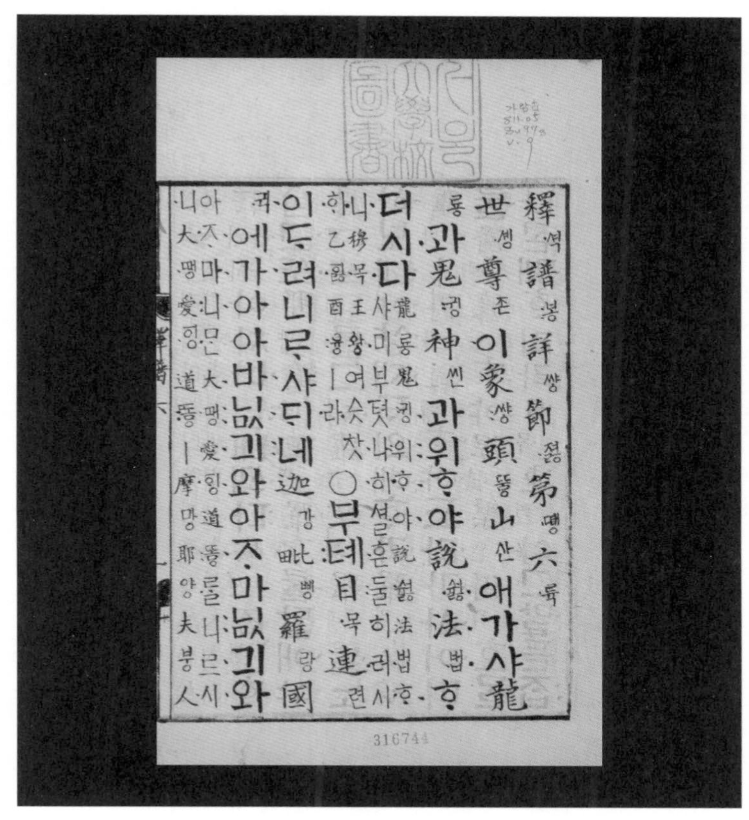
釋譜詳節第六

世尊이 象頭山애 가샤 龍과 鬼神과 위ᄒᆞ야 說法ᄒᆞ더시다 ○ 目連이ᄃᆞ려 니ᄅᆞ샤ᄃᆡ 네 迦毗羅國에 가아 아바닚긔와 아ᄌᆞ마닚긔와

316744

그림 5 **『석보상절』**, 서울대학교 규장각한국학연구원 소장

다. 이들 언해 불서는 승려의 수행 및 일상과 밀접한 관련이 있는 책으로, 승려들을 주요 독자층으로 설정하고 있다는 점에서 간경도감본과 공통점을 갖는다. 17세기 이후에는 『부모은중경

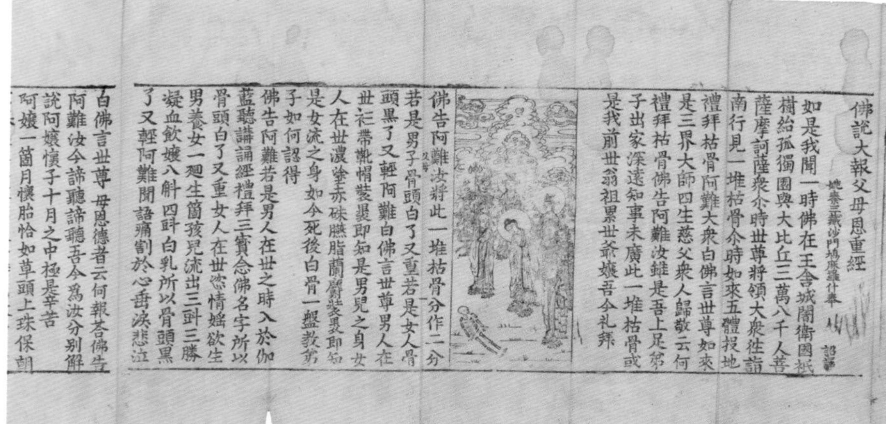
佛說大報父母恩重經
姚秦三藏沙門鳩摩羅什奉 詔譯
如是我聞一時佛在王舍城閣衛國祇
樹給孤獨園與大比丘三萬八千人菩
薩摩訶薩衆介時世尊將領大衆往詣
南行見一堆枯骨介時如來五體投地
禮拜枯骨阿難大衆白佛言世尊如來
是三界大師四生慈父衆人歸敬云何
禮拜枯骨佛告阿難汝雖是吾上足弟
子出家深遠知事未廣此一堆枯骨或
是我前世翁祖累世爺孃吾今礼拜
佛告阿難汝將此一堆枯骨分作二分
若是男子骨頭白了又重若是女人骨
頭黑了又輕阿難白佛言世尊男人在
世衫帶靴帽裝裹即知是男兒之身女
人在世濃塗赤硃臙脂蘭麝裝裹即知
是女流之身如今死後白骨一般教弟
子如何認得
佛告阿難若是男人在世之時入於伽
藍聽講誦經禮拜三寶念佛名字所以
骨頭白了又重女人在世恣情婬欲生
男養女一廻生箇孩兒流出三斗三勝
凝血飲孃八斛四斗白乳所以骨頭黑
了又輕阿難聞語痛割於心垂淚悲泣
白佛言世尊 母恩德者云何報荅佛告
阿難汝今諦聽諦聽吾今爲汝分別解
說阿孃懷子十月之中極是辛苦
阿孃一箇月懷胎恰如草頭上珠保朝

그림 6 『부모은중경』, 국립중앙박물관 소장

언해父母恩重經諺解』가 많이 유통되었고, 『권념요록』과 『염불보권문』 언해본이 새로 편찬되었으며, 『월인석보月印釋譜』 권21의 내용이 『지장경언해地藏經諺解』로 재편되어 나왔다. 이는 부모에 대한 효도, 정토왕생과 사후의 내세 문제가 중요했고 그에 대한 수요가 매우 컸음을 보여 준다. 또한 윤리 규범을 강조하는 등 교화서로서의 성격도 가진다.[28]

조선 후기 불교계는 선과 교학의 전통을 함께 이어 가야 했다. 이는 청허 휴정(1520~1604)이 수행 방향으로 내놓은 '간화선看話禪 우위의 선과 교의 겸수'에서 그 원형이 만들어졌다. 휴정은 서산西山대사라는 별칭으로 더 잘 알려진 조선을 대표하는 고승으로 『선가귀감禪家龜鑑』, 『심법요초心法要抄』, 「선교석禪教釋」 등의 저작과 글을 통해 선과 교를 함께 연찬하면서도 결국은 간화선을 통해 깨달음을 얻는 단계적 수행방안을 제시했다. 또 선과 교에 더해 염불까지 넣은 종합적 삼문三門 수행체계의 포석을 닦았다. 휴정은 16세기 중반 약 15년간 선교양종이 재개되었을 때 판사를 역임했고 1592년에 일어난 임진왜란 때는 팔도 도총섭으로서 의승군을 이끌며 공을 쌓았다. 이와 함께 수많은 제자를 양성하여 불교계가 새로운 활로를 찾는 데 크게 이바지했다. 그의 법맥을 이은 청허계淸虛系에서는 편양파鞭羊派, 사명파四溟派, 소요파逍遙派, 정관파靜觀派 등 다수의 문파가 분기되어 불교계를 주도했다.[29]

휴정의 조사인 벽송 지엄(1464-1534)은 "연희衍熙 교사教師로부터 원돈圓頓의 교의를, 정심正心 선사禪師로부터 서쪽에서 온 밀지密旨를 배우고 깨쳤다"라는 기록에서 볼 수 있듯이 선과 교를 함께 수학했다. 또한 지엄은 간화선을 주창한 송대의 대혜 종고大慧宗杲와 원의 임제종 선승 고봉 원묘高峰原妙의 선풍을 이었다고 한다. 휴정은 이에 대해 "대사가 해외의 사람으로서 500년 전의 종파를 비밀히 이었으니 이는 정주程朱(정호程顥와 정이程頤, 주희朱熹)의 무리가 천년 뒤에 나와서 멀리 공자孔子와 맹자孟子의 계통을 이은 것과 같다. 유교나 불교나 도를 전하는 것에서는 마찬가지이다"라고 평가했다. 실제로 지엄은 『대혜어록大慧語錄』을 보고 의심을 깨뜨렸고 고봉 원묘의 책을 통해 지해知解를 떨쳐 냈다고 한다.[30]

벽송 지엄은 원돈圓頓의 교학도 학습했는데, "도를 배우려면 먼저 성경聖經(교)을 궁구해야 하지만 경전은 오직 내 마음속에 있다"라고 하여 교학을 배운 뒤에 조사선祖師禪의 경절문徑截門으로 들어가야 함을 강조했다.[31] 그는 종밀宗密의 『선원제전집도서禪源諸詮集都序』, 종밀의 책을 지눌이 요약하여 주석을 붙인 『법집

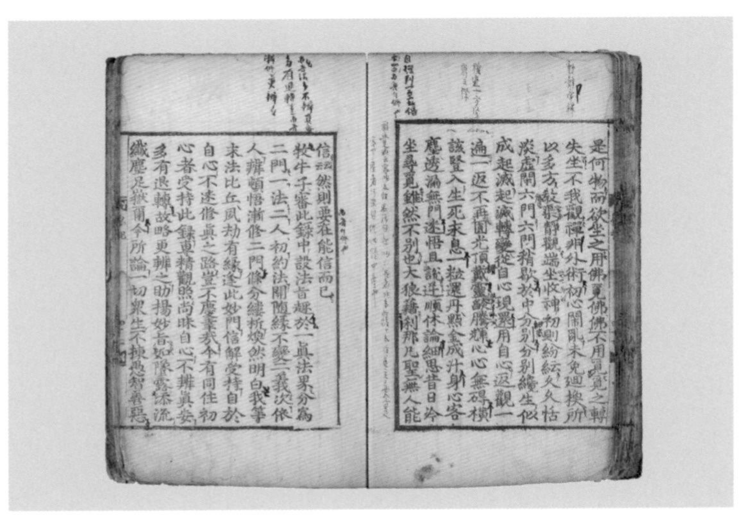

是何物而欲坐之用佛覓佛不用覓覓之轉
失坐不我觀禪外術初心閙亂未免迴換所
以多方教靜靜觀端坐收神初則紛紜久久恬
淡虛閑六門六門稍歇於中分別分別纔生似
成起滅起滅轉變從自心現還用自心返觀一
返一返不再圓光頂戴靈然騰輝心心無碍橫
該豎入生死未息一粒還丹點金成汁身心客
塵透漏無門迷悟且說逆順休論細思昔日冷
坐尋覓錯然不別也大根利器凡聖無人能

信然則要在能信而已
牧牛子審此錄中設法旨趣於一眞法界分爲
二門一法二人初約法開隨緣不變二義次依
人辨頓悟漸修二門條分縷析煥然明白我等
末法比丘夙劫有緣逢此妙門信解受持自於
自心不遠修眞之路豈不慶幸本有同住初
心者受持此錄更精觀照尚昧自心不辨眞妄
多有退轉故略更辨之助揚妙旨如墜露添流
纖塵足嶽爾今所論一切衆生不揀愚智善惡

그림 7 『법집별행록절요병입사기』, 서울대학교 규장각한국학연구원 소장

별행록절요병입사기法集別行錄節要幷入私記』를 교재로 삼아 제자들을 가르쳤다. 이들 책은 조선 후기 승려 교육의 기본 과정인 사집과四集科의 교재로 들어갔다. 선과 교를 함께 닦으면서 결국 간화선을 선양한 지엄의 수행 기풍이 휴정과 그 제자들로 이어지며 교육체계에도 반영된 것이다.

벽송 지엄의 법은 부용 영관(1485-1571)에게로 이어졌다. 영관은 처음에 교학을 탐구한 후 공안公案을 참구하고 수행에 전념하여 지엄으로부터 인가를 받았다. 그는 『중용中庸』과 노장老莊, 천문과 의술에도 뛰어나서 유생들도 적지 않게 배우러 왔다고 한다. 휴정은 이에 대해 "호남과 영남에서 유불도 3교에 통달한 속인들이 대사의 교화를 받았다"라고 평했다. 영관의 동문인 경성 일선敬聖一禪(1488-1568)도 스승 지엄에게 활구活句를 익히고 경절문 참구에 전념했으며, 그의 강의에 평상이 부러질 정도로 뛰어난 인사들이 많이 몰려들었다고 하여 해동의 '절상회折床會'라고 했다.[32]

영관의 뒤를 이은 휴정은 1566년에 선교양종이 다시 폐지되고 제도적인 승정 체제가 막을 내린 뒤에도 선과 교의 두 흐름을 포괄해 나가야 했다. 그렇기에 간화선 수행을 중시하면서도 선과 교를 함께 닦는 방식으로 수행체계를 정비했다. 조선 불교의 궁극적 수행방안으로 채택된 간화선은 고려 후기에 보조 지눌普照知訥(1158-1210)에 의해 처음으로 수용되었다. 이후 14세기에 원의 임제종 법맥을 전수해 온 선승들이 나오면서 간화선 선풍이 고려에서 크게 유행했고 대표적인 선 수행방안으로 자리를 잡았다. 한편 교학의 경우 고려에서는 『화엄경』을 소의경전으로 하는 화엄종, 유식唯識사상을 근본으로 하는 법상종法相宗(자은종慈恩宗)이 교종의 양대 축이었다. 이들 종파는 조선 초까지 이어지다가 세종 대의 선교양종 가운데 교종으로 합쳐졌다.

선과 교의 두 갈래는 승정 체제가 더는 운영되지 않았던 16세기 후반 이후까지 이어졌다. 그러면서 수행과 사상, 교육방식을 둘러싼 선과 교 사이의 차이와 갈등 또한 그대로 남아 있었다. 1579년 휴정의 『선가귀감』이 간행될 때 제자인 사명 유정이 쓴 발문에서는 "200년간 법이 쇠퇴하여 선과 교의 무리가 각각 다른 견해를 내게 되었다. 교는 5교의 위에 바로 마음을 가리켜 깨우침이 있는 것을 모르고 선에서는 돈오頓悟한 뒤에 마음을 내어 수행하는 것을 몰라서 선과 교가 뒤섞이고 옥석이 구별되지 못한다"라고 하여,[33] 선과 교의 요체를 제대로 알지 못하는 세태를 비판했다.

휴정은 이러한 난맥상을 극복하기 위해 선과 교를 아우르는 수행체계를 내놓았다. 그는 당시 교학승과 선승이 갖는 문제점을 지적하면서 선과 교의 일치를 주창한 종밀의 "교는 부처의

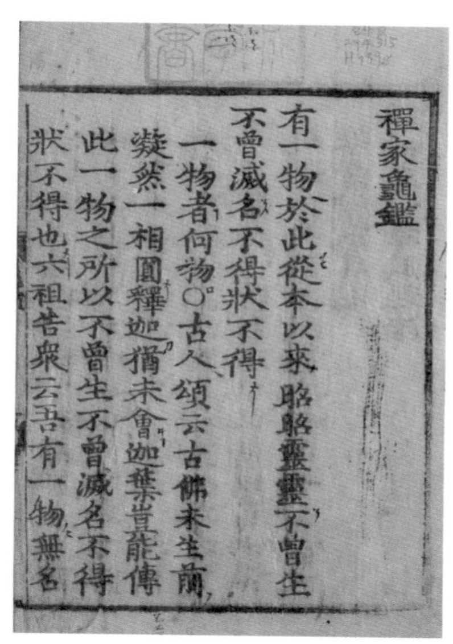

禪家龜鑑
有一物於此從本以來昭昭靈靈不曾生
不曾滅名不得狀不得
一物者何物古人頌云古佛未生前
凝然一相圓釋迦猶未會迦葉豈能傳
此一物之所以不曾生不曾滅名不得
狀不得也六祖告衆云吾有一物無名

그림 8 『선가귀감』, 서울대학교 규장각한국학연구원 소장

말씀이고 선은 부처의 마음이므로 양자의 근원이 다르지 않다"라는 주장을 빌려 왔다.[34] 선과 교가 비록 다르긴 하지만 법의 측면에서는 결국 같다는 점을 강조한 것이다. 이와 함께 입문으로 교학의 필요성을 강조하면서 최후의 수행방안으로 간화선을 내세웠다. 이처럼 휴정이 선, 특히 간화선의 우수성을 인정하는 한편 선과 교의 병행을 주장한 것은 두 개의 서로 다른 전통을 함께 계승해야 했던 시대의 요청을 따른 것이다.

휴정은 주저 『선가귀감』에서 간화선 수행법, 선교겸수의 지향, 염불과 계율, 선종 5가의 선풍과 임제종 종지에 대해 상세히 기술하고 선 수행의 요체를 밝혔다. 『선가귀감』에는 승려 교육 과정의 사집과에 들어간 종밀의 『도서都序』, 지눌의 『절요節要』, 고봉 원묘의 『선요禪要』를 비롯하여, 여말선초에 큰 영향을 미쳤던 몽산 덕이蒙山德異의 『어록語錄』, 그리고 고려 후기 진각 혜심眞覺慧諶의 『선문염송禪門拈頌』과 천책天頙의 찬으로 알려진 『선문보장록禪門寶藏錄』, 선종 5가禪宗五家 선풍의 요체를 담은 송대 지소智昭의 『인천안목人天眼目』 등 선종 관련 서책이 다수 인용되었다.[35] 여기서도 간화선을 중시하면서 선과 교의 겸수를 지향한 휴정의 선교관을 엿볼 수 있다.

휴정의 수행 및 선교관은 『선가귀감』에 나오는 '방하교의放下教義 참상선지參詳禪旨'라는 용어에 압축되어 있다. 그는 "불변不變과 수연隨緣의 두 뜻이 곧 마음의 성性과 상相이고, 돈오頓悟와 점수漸修의 두 문이 수행의 처음과 끝임을 판별한 뒤에 교의 뜻을 내려놓고[방하교의] 오로지 마음에 드러난 한 생각으로 선의 요지를 참구[참상선지]하면 반드시 얻는 바가 있을 것이다. 이것이 이른바 출신활로出身活路이다"라고 기술했다.[36] 이는 입문으로 교학의 필요성을 인정하는 한편 일정한 단계가 되면 지해知解에 얽매이지 말고 간화선의 화두 참구로 나아가야 한다는 취지로서, 선과 교를 아우르는 단계적 수행방안이었다.

여기서 '방하교의'는 개념에 얽매이고 언어적 의미에 구속되어 알음알이의 병에 빠지는 것을 경계한 것이지, 교학을 전혀 필요가 없다고 버려두고 선만 추구하라는 뜻은 아니다. 휴정은 선이 교보다 우위에 있음을 인정했고 수행에서도 선 위주가 되어야 한다고 주장했지만, 선과 교의 근원적 일치를 부정하지 않은 것이다. 이러한 휴정의 선교관을 나타낸 용어로 '사교입선捨教入禪'이 주로 쓰였는데, 이는 교를 수행법의 기본 과정으로 먼저 배운 뒤에 선을 연마하는 것을 의미한다.[37] 휴정은 「선교결禪教訣」에서 선과 교의 차이점을 언급하면서도 법의 관점에서 양자는 다르지 않다는 점을 강조하면서 다음과 같이 말했다.

> 오늘날 선학자나 교학자는 각기 "이것이 우리 스승의 법이다"라고 말한다. 하나의 법에 대해 같은 것은 같다 하고 다른 것은 다르다고 해야 하는데 손가락과 말을 가지고 서로 다투고 있다. 아! 누가 이를 해결할 수 있겠는가? 선은 부처의 마음이고 교는 부처의 말씀이다. 교는 말이 있는 데서 말이 없는 단계에 이르는 것이고, 선은 말이 없는 데서 말이 없는 경계에 도달하는 것이다. 말이 없는 데서 말이 없는 단계에 이르면 누구도 이름을 붙일 수 없기에 억지로 마음이라고 한다. 세상 사람들이 그 이유도 모르면서 "배워서 알고 생각해서 터

득한다" 하니 참으로 우려할 만하다.[38]

여기서 휴정이 선교일치의 대의와 선교겸수의 필요성에 공감했음을 볼 수 있다. 다만 선승으로서의 정체성을 가진 그가 선을 교보다 우위에 둔 것만큼은 분명한 사실이다. 그런데 휴정이 제시한 선교겸수와 간화선 선양이라는 수행방식은 그만의 독창적인 방안은 아니었고, 고려 후기의 보조 지눌에게까지 그 연원이 거슬러 올라간다. 지눌은 종밀이 주창한 선교일치론의 영향을 받아 돈오점수頓悟漸修, 그리고 선정禪定과 지혜를 함께 닦는 정혜쌍수定慧雙修를 행했다. 또 그는 실천성이 강한 당의 이통현李通玄의 화엄 교학을 수용했고, 말년에 나온 『간화결의론看話決疑論』에서는 간화선을 궁극적 수행법으로 내세웠다.[39] 지눌과 휴정의 간화선 수행 기풍은 시대가 달랐던 만큼 성격이나 내용에서 차이가 있을 수 있지만, 교를 입문으로 삼아 선과 교를 함께 행한 뒤에 간화선으로 나아간다는 점에서는 공통점을 가진다.

청허 휴정이 제시한 간화선 우위의 선교겸수 방안은 그 제자들에게 계승되어 수행체계로 정립되었다. 제자인 제월 경헌霽月敬軒(1544-1633)은 문도들을 가르칠 때 "지견知見을 분별하여 토대를 쌓게 하고, 지해知解의 병을 타파한 후 6개의 법어로 참구의 요절을 삼았다"라고 전한다.[40] 휴정이 간화선을 최고의 수행법으로 높인 것은 "지금 팔방의 승려들을 대함에 있어 본분사인 경절문 활구로 직접 스스로 깨우쳐 얻게 함이 종사로서 모범이 되는 일이다. 정맥을 택하고 종안宗眼을 분명히 하여 부처와 조사의 은혜를 저버리지 말라"고 당부한 것에서도 알 수 있다.[41]

한편으로는 간화선을 추구하기에 앞서 기본이 되는 교학 공부에 무엇보다 충실해야 한다는 의견도 나왔다. 휴정의 제자이자 승려 교육 과정의 체계를 처음으로 기록에 남긴 영월 청학詠月淸學(1570-1654)은 교학의 언어나 문자 이해보다 간화선의 참구가 가장 중요하다는 주장에 대해, "멀고 높은 것은 가깝고 낮은 것에서 시작해야 하며 물고기를 잡으려면 통발 없이 할 수 없다. 마음을 밝히는데 교를 버리면 무엇을 근거할 것인가? 옛사람은 일언반구조차 성불成佛의 바른길이 아님이 없었다. 이理는 사事를 통해 드러나므로 교화에 방편이 있음은 성인聖人의 상규인데, 수행에서 취하고 버림이 있는 것이야말로 학자의 큰 병이다"라고 답변했다.[42]

청허 휴정이 선과 교가 다르지 않다는 선교일치를 전제로 포괄적 수행 기풍을 제시한 데 대해, 신라의 원효元曉에서 시작하여 고려의 의천義天과 지눌 등을 거쳐 이어진 선과 교의 통합적 전개가 완성되었다는 평가도 있다.[43] 이것이 과연 타당한 것인지와는 별개로 휴정이 제시한 간화선 우위의 선교겸수 방식은 불교계가 이후에 전통을 종합적으로 계승해 나갈 수 있는 토대가 되었다. 휴정 당대에도 그랬지만 조선 후기 불교계는 선과 교의 전통을 모두 이어 가야 했고, 이는 많은 사례에서 확인할 수 있다. 휴정의 동문이자 부휴계의 조사인 부휴 선수浮休善修의 손제자 백곡 처능白谷處能(1617-1680)은 다음과 같이 선과 교의 다른 점과 같은 점을 설명하고 양자의 대립을 해소하려 했다.

> 법이 동쪽으로 전해진 이래 선과 교가 병행하여 선은 마음으로 전해지고 교는 언설로 퍼지면서 불도가 크게 성행하였다. 그런데 유파를 달리하고 선과 교에서 문을 나누면서 선은 돈頓과 점漸에서 다르게 되고 교는 성性과 상相으로 구분되었다. 성과 상의 무리는 공空과 유有에 각각 집착하고 돈과 점의 무리는 이理와 사事를 분별하기가 어려워 법에 모순이 되고 스스로 오류가 많았다. 각기 전문분야에 빠져서 서로 다투고 비방하여 자신뿐 아니라 남을 오인함이 적지 않았다. 선과 교의 이치는 다르면서도 다르지 않은데 선은 도를 전하고 교는 이치를 펴는 것이다. 선은 마음으로 말없이 교설의 근원을 깨닫는 것이고 교는 말을 빌려서 말 없는 이

치를 설명한 것이다. 비록 근기의 우열에 따라 선과 교의 차이는 있지만 선은 마음을 전하고 교는 언설로 표명한 것이니 근원은 같다.[44]

이는 선승 출신으로 중국 화엄종의 제5조가 된 종밀 이래의 선교일치론을 재차 확인한 것으로 선과 교의 근원이 같고 방편에서 다르다는 논지이다. 종밀은 『도서』에서 "경전은 부처의 말씀이고 선은 부처의 뜻이다"라고 했고, "마음을 닦는 이들[선]은 경론을 별종別宗이라 하고 강설하는 이들[교]은 선문을 별법別法이라 한다. 인과因果와 수증修證을 논하는 것은 교가에 속하는데 수증이 선문의 본분사임을 모르고, 교설이 곧 마음이고 부처인 것은 선문에 속하는데 마음과 부처가 바로 경론의 본뜻임을 알지 못한다"라고 했다.[45] 선과 교에서 자신의 입장만 내세워 우위를 주장하고 상대를 비판하던 상황은 종밀 당시와 크게 다르지 않았던 것이다.

선과 교가 공존하는 이러한 시대 분위기 속에서 승려의 교육 과정인 이력과정履歷課程이 17세기 전반에 체계를 갖추었다. 이력과정의 구성은 선과 교를 함께 닦고 연마하는 내용으로서 간화선 수행과 화엄학을 선과 교의 최고 단계로 배정해 놓았다. 이와 더불어 선의 경절문徑截門과 교의 원돈문圓頓門에 염불문念

佛門을 포함한 삼문三門 수행체계가 자리 잡은 것도 불교 전통의 종합적 계승에 한몫을 단단히 했다. 그 결과 조선 후기에는 선 수행뿐 아니라 강원講院에서의 교육과 연구를 의미하는 강학講學이 성행했고, 나아가 염불 수행과 신앙이 중시되면서 불교 대중화의 길이 넓혀졌다.

임제종 전통의 계승을 골자로 한 법통法統이 성립되고 법맥을 매개로 한 계파와 문파가 형성된 것도 이 무렵의 일이었다. 이때 정비된 승려 교육의 체계와 교재는 최근까지도 승가 강원 교육에서 활용해 왔다. 이력과정은 청허 휴정의 제자 영월 청학의 문집인 『영월당대사집』에 실린 「사집사교전등염송화엄」이라는 글에 처음으로 등장하는데, 그 구성과 내용이 자세하게 기재되어 있다. 그에 따르면 처음부터 사집과四集科, 사교과四教科, 대교과大教科의 순으로 단계적으로 편제된 사실을 볼 수 있다.

청학이 이력과정 각 과정의 목표와 내용을 정리한 부분을 소개하면, "사집과는 점차적으로 닦는 점수漸修, 화두話頭를 들고 몰입하는 참구參句를 통해 마음을 깨닫는 법을 제시한 것이다. 사교과는 경전을 통해 이치를 깨닫는 것이다. 『화엄경』과 함께 대교과에 들어간 선의 『경덕전등록景德傳燈錄』, 『선문염송』은 조사의 가풍을 배워서 올바른 수행 방향을 알게 하는 것"이라고 기술되어 있다.[46] 이는 선교겸수와 간화선의 지향을 담은 것으로 경론과 선의 기풍을 함께 배우는 교육 과정이었다.

순서대로 살펴보면 먼저 사집과는 당의 종밀이 선종의 단계를 분류한 『선원제전집도서禪源諸詮集都序』(도서), 고려의 보조 지눌이 종밀의 저술을 요약하고 주석을 붙인 『법집별행록절요병입사기法集別行錄節要幷入私記』(절요), 간화선을 주창한 송의 대혜 종고가 유학자 등과 주고받은 편지를 모은 『서장書狀』, 원의 고봉 원묘의 간화선풍이 담긴 『선요禪要』이다. 앞의 『도서』와 『절요』는 선교일치를 주창한 종밀의 저술과 그에 대한 지눌의 주석서인데 돈오점수頓悟漸修, 정혜쌍수定慧雙修에 의한 선교겸수의 방향성을 담고 있다. 또 뒤의 『서장』과 『선요』는 중국 임제종 선승의 편지글과 어록으로서 화두를 참구하는 간화선풍의 체득을 위한 교재였다.

종밀의 『도서』에서는 "지금의 선가禪家는 뜻을 모르고 다만 마음을 선이라고 할 뿐이고, 강학자들은 법을 몰라서 단지 이름에만 얽매여 뜻을 설할 뿐이다. 서로 근원을 알지 못하기에 회통하기가 어렵다"라고 하여 선과 교가 근본적으로 같음을 알아야 한다고 주장했다.[47] 『절요』를 펴낸 지눌도 선과 교를 함께 닦는 정혜쌍수를 내세웠고, 이통현의 화엄학을 수용하여 실천적 성격이 강한 교학 관념을 피력했다. 지눌은 교학을 입문으로 하는 선교겸수를 인정했고 간화선을 궁극적 수행방안으로 보았는데, 이력과정의 구성에서도 그의 사상적 영향력이 미치고 있음을 볼 수 있다.

다음으로 사교과는 『금강경金剛經』, 『능엄경楞嚴經』, 『원각경圓覺經』, 『법화경法華經』이었다. 『금강경』, 『능엄경』, 『원각경』은 마음의 문제를 해명하여 선종과 교종 모두에서 중시되었고, 송대 이후 선과 교의 일치를 뒷받침하는 경전으로 승려는 물론 지식층 사이에서도 널리 읽혔다.[48] 『법화경』은 천태天台교학의 근본 경전으로서 동아시아에서 매우 중시되었는데 수륙재水陸齋 등의 의례에서 『법화경』 독송이 이루어지는 등 조선시대에 가장 많이 간행된 불경이었다.[49] 그런데 사교과의 구성은 후대에 가서 일부 변동이 생겼다. 백암 성총栢庵性聰(1631-1700)이 가흥嘉興 대장경본 『대승기신론소필삭기大乘起信論疏筆削記』를 간행한 직후인 18세기부터 『법화경』 대신 『대승기신론大乘起信論』이 들어간 것이다.[50] 『대승기신론』은 여래장如來藏과 유식唯識사상을 종합하여 마음의 구조를 본체와 작용의 측면에서 접근한 논서로서, 동아시아 세계에 막대한 영향을 미친 책이었다.

끝으로 대교과에는 교학을 대표하는 경전인 『화엄경』, 선종 서책인 『경덕전등록』, 『선문염송』이 들어갔다. 『화엄경』과 화엄학은 중국 화엄종의 제2조 지엄智儼에게 수학한 의상義相(625-702) 이후 한국 불교의 교학 전통을 대표하는 최고의 경전이자

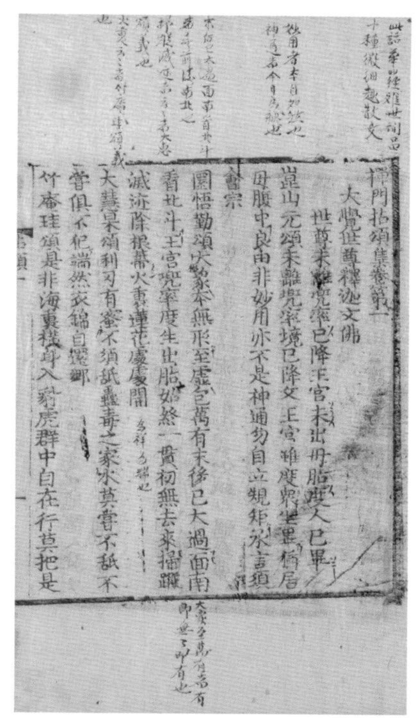

禪門拈頌集卷第一
大覺世尊釋迦文佛
世尊未離兜率已降王宮未出母胎度人已畢
崑山元頌未離兜率境已降文王宮雖度衆生畢竟居
母腹中良由非妙用亦不是神通芴自立規矩永言須
會宗
圜悟勤頌大象本無形至虛包萬有末後已太過面南
看北斗王宮兜率度生出胎始終一貫初無去來擒縱
滅迹除根爇火裏蓮花處處開
大慧杲頌利刃有蜜不須舐蠱毒之家水莫嘗不舐不
嘗俱不犯端然衣錦自還鄉
竹庵珪頌是非海裏橫身入豹虎群中自在行莫把是

그림 9 『선문염송』, 서울대학교 규장각 한국학연구원 소장

사상이었다. 『경덕전등록』은 11세기 초에 나온 선종의 전등 계보서로서 부처와 인도의 조사, 초조 달마達磨 이후 중국의 선종 주류 법맥을 체계적으로 정리한 책이다. 『선문염송』은 지눌의 제자 진각 혜심(1178-1234)이 선종의 수많은 조사들의 공안公案과 법어法語, 게송偈頌 등을 망라해 집성한 책이다. 혜심은 간화선의 화두 참구 방안을 탐구하고 고려에서는 처음으로 이론적 체계

화를 시도한 선승이기도 했다. 이처럼 대교과의 구성에서도 화엄을 정점으로 하는 교학, 그리고 선의 역사와 기풍을 함께 배우는 선교겸수의 방향성이 드러나 있다.

이력과정의 구성과 내용을 통해 종밀에서 지눌로 이어지는 선교겸수의 전통과 고려 말 이후 주류가 된 임제종 간화선풍의 결합양상을 분명하게 볼 수 있다. 사집과의 체계는 선교겸수와 간화선풍의 골자를 담은 것이며 사교과도 선종과 교종에서 모두 중시된 마음과 관련된 경전이 중심이 되었다. 대교과는 교학의 대표 격인 화엄과 선의 기풍과 역사의 정수를 담은 책을 선정했는데 이 책들은 조선 전기 승과의 시험 교재이기도 했다. 또한 이력과정에서 선교겸수, 화엄, 간화선을 한데 묶어 놓은 것은 보조 지눌의 사상적 영향력이 여전히 강했음을 볼 수 있는 대목이다.

이러한 간화선 우위의 선교겸수는 청허 휴정이 제시한 수행 방향과도 맞아떨어진다. 실제로 휴정은 일찍부터 『능엄경』·『원각경』·『법화경』, 『전등록』·『선문염송』·『화엄경』 등 사교과와 대교과에 들어가게 된 경전과 책들을 읽었다.[51] 간화선과 임제 법통, 그리고 선교겸수와 화엄 교학은 내용상 서로 모순될 수도 있었지만, 선종의 정체성을 내세우면서 교학 전통을 동시에 계승해야 했던 당시의 시대 상황과 과제를 떠올려 볼 때 어쩌면

과정	서명	저자	사상적 특징
사집과	선원제전집도서	(당) 규봉 종밀	선교겸수
	법집별행록절요사기	(당) 규봉 종밀 (고려) 보조 지눌 요약 주석	〃
	대혜서장	(송) 대혜 종고	간화선
	고봉선요	(원) 고봉 원묘	〃
사교과	금강경		심 (선종 중시)
	능엄경		심 (선·교종 모두 중시)
	원각경		원각 (종밀 등 중시)
	법화경 → 대승기신론	(18세기 이후 변경)	일심 (기신론)
대교과	화엄경		화엄 교학
	경덕전등록	(송) 도원	선종 전등 계보서
	선문염송	(고려) 진각 혜심	간화선

표 1 이력과정의 체계와 구성

당연한 귀결이기도 했다. 이처럼 이력과정에는 고려 후기부터 조선 전기를 거치며 형성된 통시적 전통이 그대로 투영되어 있고, 공시적 관점에서 보면 선과 교를 동시에 이어 가야 했던 시대의 필요성이 녹아들어 있다.

한편 동시대의 불교와 유교의 교육 과정에서 공교롭게도 흥미로운 유사점을 찾을 수 있다. 이황李滉과 함께 조선을 대표하는 유학자로 꼽히는 이이李珥(1536-1584)는 유학의 핵심 서책인

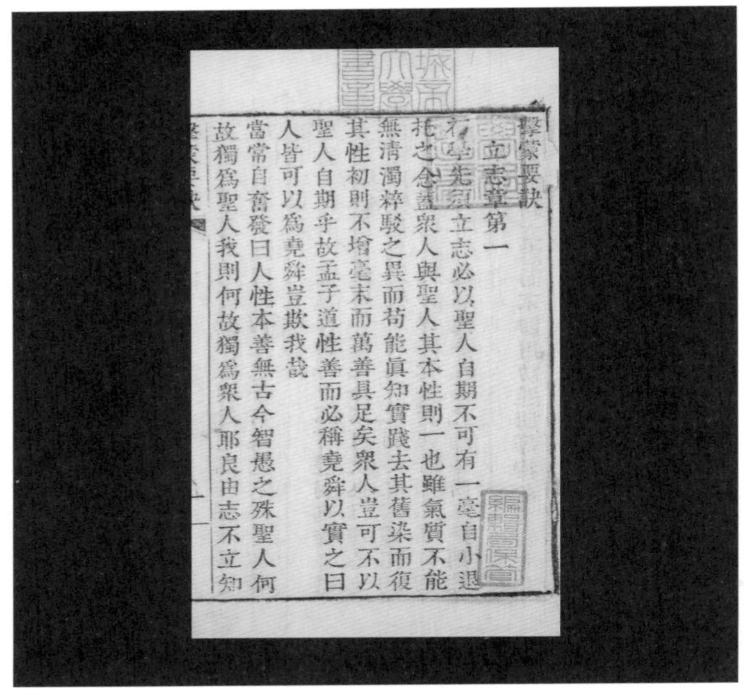
擊蒙要訣

立志章第一

初學先須立志必以聖人自期不可有一毫自小退托之念蓋衆人與聖人其本性則一也雖氣質不能無淸濁粹駁之異而苟能眞知實踐去其舊染而復其性初則不增毫末而萬善具足矣衆人豈可不以聖人自期乎故孟子道性善而必稱堯舜以實之曰人皆可以爲堯舜豈欺我哉

當常自奮發曰人性本善無古今智愚之殊聖人何故獨爲聖人我則何故獨爲衆人耶良由志不立知

그림 10 『격몽요결』, 서울대학교 규장각한국학연구원 소장

『논어論語』, 『맹자孟子』, 『대학大學』, 『중용中庸』의 사서四書를 한글로 언해했을 정도로 학문적 능력을 인정받았다. 그는 성리학 학습을 위한 공부 순서를 제시했는데, 먼저 『소학小學』을 읽고, 사서와 『시경詩經』·『서경書經』·『예기禮記』·『역경易經』·『춘추春秋』의 오경五經을 배운 뒤에 『근사록近思錄』, 『심경心經』, 『주자대전朱子

大全』 등의 성리학 서적을 이해하고 그 뒤에 역사 서적을 접하는 방식이었다.[52]

이이는 학습을 처음 시작하는 초학자들을 위해 입문서로 『격몽요결擊蒙要訣』을 지었다. 그 안의 「독서장讀書章」에는 "오서五書와 오경은 이치를 깨달아 알고 의리를 드러내는 것이다. 성리학 서적은 의리가 마음에 젖어 들게 하고, 역사서는 고금의 사건과 변화에 통달하여 식견을 기르게 하는 것이다"라고 하여,[53] 독서의 순서와 그 취지를 설명하였다. 앞서 인용한 영월 청학의 이력과정 해석을 다시 언급하면, 사집과는 '점수와 선의 참구를 통해 마음의 깨우침을 제시한 것', 사교과는 '경전을 통해 이치를 깨닫는 것', 화엄을 제외한 대교과는 '조사의 가풍을 배워 올바른 수행 방향을 알게 한 것'이라고 하였다.[54] 이는 '마음-이치-조사의 기풍(역사)'을 배우는 순차적 구조로서, 이이가 제시한 '의리-마음-사건과 변화(역사)'의 독서 순서와 비교할 때 마음과 이치(의리)의 어느 쪽을 앞에 둘 것이냐의 차이만 있을 뿐 큰 틀에서는 일치한다.

이력과정에 들어간 책들은 빈번히 간행되고 널리 유포되어 강원의 강학 교육 활성화에 밑거름이 되었다. 이력과정 서책을 보급하는 데 앞장선 대표적인 인물은 휴정의 말년제자인 편양 언기鞭羊彦機(1581-1644)였다. 그는 선을 우위에 두면서도 선교겸수의 기조를 받아들여 선과 교를 합일했다는 평가를 얻었다.[55] 언기는 1630년에 경기도 삭녕 용복사龍腹寺에서 스승 휴정의 문집인 『청허당집淸虛堂集』을 새로 간행했다. 이때 30여 명의 인쇄 장인들을 모아서 5-6년에 걸쳐 사집과, 사교과, 대교과의 서책들을 대대적으로 판각하여 전국에 배포했다고 한다.[56] 여기서 이력과정 체제가 1630년 무렵에는 이미 완비되었고 강원 교육에서 활용했음을 알 수 있다.

이력과정 불서의 체계 정비와 보급에는 벽송 지엄에서 청허 휴정 및 부휴 선수로 이어지는 법맥 계보가 앞장섰다. 휴정의 조사였던 지엄이 후학 교육에 활용했던 4종의 불서는 사집과에 들어갔는데, 16세기 전반 지엄의 문도가 주석했던 지리산 신흥사新興寺에서 이 책들이 모두 간행되었고 그 판본 계통이 17세기까지 이어졌다. 이는 17세기 이후 불교계가 지엄과 영관을 잇는 청허계와 부휴계를 중심으로 재편된 것과도 관련이 있다.[57] 청허계는 물론 부휴계에서도 강원 교육에서 이 책들을 사용했고 이후 계파나 문파의 구분 없이 이력과정이 점차 수용되는 양상을 보인다.

16세기에 간행된 불서 목록에서는 사집과에 해당하는 불서가 이미 많이 간행되고 있음을 볼 수 있다. 『선요』는 8회, 『절요』 8회, 『서장』 7회, 『도서』가 6회 정도 판각되었는데 이는 이전 시기와 비교할 때 매우 뚜렷이 증가한 수치이다. 이를 보면 사집과의 성립이 앞서 16세기부터 이루어졌을 것으로 추정된다. 다만 전체 이력과정은 17세기에 들어 정비되었고 처음에는 다양한 방식의 교육이 혼재했던 것으로 보인다. 편양 언기도 "선종의 요체를 드러내는 책으로는 『인천안목人天眼目』과 『선문강요집禪門綱要集』이 있고, 교학으로 들어가서 깨달음으로 점차 나아가는 선교 조화의 과목으로는 『천태사교의天台四教儀』, 『원각경소』, 『선원제전집도서』가 있다"라고 했다.[58] 여기에는 『도서』나 『원각경』처럼 이력과정에 들어간 책도 언급되고 있지만, 언기의 독창적 선·교관도 드러나 있다.

17세기 전반에 이력과정이 확립된 후 큰 사찰에서는 강원을 두어 체계적으로 승려 교육을 시행했다. 교육 과정은 출가 후 처음 배우는 사미과沙彌科부터 시작하여 사집과에서 사교과, 대교과까지 약 10년 내외의 긴 시간이 소요되었다. 당시 유생들도 서당書堂 – 향교鄕校 또는 사부학당四部學堂 – 성균관成均館으로 이어지는 10년 넘는 정규 교육을 이수해야 했고 전국적으로 서원書院 건립이 본격화되기 시작했다. 이러한 시대상이 불교의 이력과정 확립에도 알게 모르게 영향을 미쳤을 가능성이 있다. 한편 구족계具足戒를 받아 정식 승려가 되기 전의 사미를 위한 기초 과정인 사미과는 『초심문初心文』, 『발심문發心門』, 『자경문自警

文』 등을 학습하는 것으로 이 또한 17세기에 성립되었을 것으로 보인다. 『치문경훈緇門警訓』이 백암 성총에 의해 간행된 1695년 이후에는 이 책도 사미과에 추가되었다.

한편 17세기 후반에 침굉 현변枕肱懸辯(1616-1684)이 쓴 「태평곡」에는 '선요, 서장, 도서, 절요, 능엄, 반야, 원각, 법화, 화엄, 기신'[59]이라고 하여 『대승기신론』이 강원 교과목 가운데 이름이 들어간 모습을 볼 수 있다. 『대승기신론』은 18세기 이후 이력과정의 사교과에 『법화경』을 대체해 들어가게 되는데, 그 계기가 된 것은 17세기 말 백암 성총의 대규모 불서 간행이었다. 성총은 1681년 6월에 풍랑을 만나 전라도 임자도에 떠내려온 중국 상선에 실려 있던 가흥대장경의 불서를 수집하여 낙안 징광사澄光寺 등에서 복각하거나 가흥대장경본을 참고하여 개각했다.

백암 성총이 이때 간행한 가흥대장경본 불서는 사미과의 『치문경훈』, 사교과와 관련된 『금강경간정기회편金剛經刊定記會編』, 『대승기신론소필삭기회편大乘起信論筆削記會編』, 대교과의 『화엄경소초華嚴經疏鈔』 등 157권이었다. 또 이와 별도로 사집과의 『서장』, 『선요』, 『도서』, 『절요』를 포함한 5권을 간행했다. 이와 함께 성총의 요청으로 계파 성능桂坡聖能이 1695년 하동 쌍계사雙溪寺에서 가흥대장경에 있는 『화엄현담회현기華嚴懸談會玄記』 40권을 복각했다. 이 『회현기』는 『화엄경소초』의 현담玄談 부분

그림 11 **하동 쌍계사 불경 목판**, 국가유산청 국가유산포털에서 전재

에 대한 원대의 주석서로서 이후 화엄 강학이 성행하고 다수의 사기私記가 찬술되는 밑거름이 되었다.

17세기 전반에는 시대정신에 부합하는 정통주의적 성격의 법통이 확립되어 조선 불교계는 선종으로서 정체성을 확립할 수 있었다. 이와 함께 전통의 계승과 창출이라는 시대적 요청을 반영한 이력과정이 정립되었다. 불교의 수행과 사상 전통은 마땅히 선과 교를 포괄하는 것이었고, 따라서 선과 교를 포괄하는 이러한 교육 과정이 만들어지게 된 것이다. 이후 18~19세기의 학승들은 배움을 위해 이름난 종장들을 찾아다니며 사집과, 사교과, 대교과의 경론을 순서대로 배우고 강학을 전수했다. 이처럼 조선 후기에는 강원 교육 과정이 확고히 정착했다. 18세기의 사례를 들자면, 월파 태율月波兌律(1695-1775)이 사집과에 이어 『원각경』, 『능엄경』, 『기신론』과 같은 사교과의 교재를 학습했고, 대교과의 『화엄경』과 화엄 교학, 『선문염송』의 가르침을 여러 스승에게 배웠다.[60] 또 전라도 대둔사大芚寺의 12대 종사가 된 연담 유일蓮潭有一(1720-1799)은 20세 때부터 당대의 10대 법사로 손꼽히던 이들에게 사집, 사교, 대교 과정의 경서를 순차적으로 공부했다.[61]

이력과정을 중심으로 한 강학 교육은 17세기 전반부터 오늘날까지 400년이나 이어져 왔다. 강원의 전통적 교육 과정은

조선 후기 이력과정		『조선불교통사』(1918)	
과정	교재	기간	교재
사미과	『초심문』, 『발심문』, 『자경문』 『치문경훈』 등	1-3년	『반야심경』, 『초심문』, 『발심문』, 『자경문』 (『사미율의』, 『치문경훈』, 『선림보훈』)
사집과	『대혜서장』, 『고봉선요』 『선원제전집도서』, 『법집별행록절요사기』	2년	『대혜서장』, 『고봉선요』 『선원제전집도서』, 『법집별행록절요사기』
사교과	『금강경』, 『능엄경』, 『원각경』 (『법화경』→) 『대승기신론』	2.6 -4년	『금강경』, 『능엄경』, 『원각경』, 『기신론소』
대교과	『화엄경』 『경덕전등록』, 『선문염송』	3- 3.6년	『화엄경』, 『경덕전등록』, 『선문염송』 (『법화경』, 『십지경론』, 『선가귀감』)

표 2 이력과정의 변천(조선과 근대)

1918년에 나온 이능화의 『조선불교통사』에도 소개되어 있는데, 사미과로부터 대교과에 이르기까지 8년 6개월에서 12년 6개월 동안 배우는 이력과정의 구체적 모습은 앞의 표와 같다. 이후 최근까지도 전통 강원에서는 선과 교의 겸수를 요체로 하는 이력과정의 교과목을 그대로 써 왔다.

3

삼문 수행체계의 성립과 염불문의 확산

17세기 전반에는 경절문徑截門, 원돈문圓頓門, 염불문念佛門의 삼문 체계가 정비되면서 수행의 영역 안에 선, 교, 염불이 어우러졌다. 조선 후기의 염불문은 원래는 '오직 마음이 정토이고 자신의 본성이 곧 아미타불'이라는 '유심정토唯心淨土 자성미타自性彌陀'의 관념에 입각한 염불선念佛禪의 수행방식을 의미한다. 하지만 현실적으로는 대중적 수요가 컸던 서방 극락정토極樂淨土로의 왕생을 기원하는 염불정토 신앙 또한 중시되어 수행과 신앙이 점차 혼재되는 모습을 보인다. 이 삼문의 수행체계는 비슷한 시기에 확립된 이력과정과 공통의 지향점을 가지는데, 바로 선과 교의 두 흐름을 포섭하는 것이었다. 이력과정은 선과 교의 겸수, 그리고 간화선의 선양과 화엄의 중시라는 보조 지눌

이래의 역사적 전통에 기반하고 있다. 또 간화선 우위의 선교겸수는 청허 휴정이 제시한 수행방안이기도 했다. 이는 선과 교, 신앙의 복합적 전통을 함께 계승해 나가야 했던 시대적 요청에 부응하는 것이었다.

수행체계 안에 선과 교, 염불을 조합해 넣은 삼문 체계의 원형을 처음 제시한 이는 청허 휴정이었다. 그는 『심법요초』에서 선의 '참선문參禪門'과 함께 '염불문'에 대해 기술했다. 휴정은 교학에 해당하는 원돈문의 사구死句가 아닌 간화선을 가리키는 경절문의 활구活句 참구를 강조하면서도, 유심정토와 서방정토를 동시에 언급하며 염불을 권장했다.[62] 이는 선과 교에 더하여 수행과 신앙의 두 축을 아우르는 염불문을 추가한 것이다. 그는 "참선과 염불이 마음을 닦고 깨달음을 얻을 수 있다는 점에서 본질적으로 같다"라고 하여,[63] 수행으로서 염불선의 특성을 강조하였다. 또한 "염불은 아미타불을 마음으로 떠올리는 관념觀念과 그 이름을 부르는 칭명稱名이 서로 상응해야 하며 이것이 윤회를 벗어나는 지름길이다"라고 하여,[64] 신앙 측면도 받아들였다. 나아가 마음을 스스로 닦는 염불선은 상근기를 위한 수행방안임에 비해, 아미타불을 떠올리고 부르는 염불 신앙은 하근기를 위한 대중적 방편이라고 하여 둘을 차등적으로 나누되 결국 모두 용인하였다.

휴정은 다시 "상근기를 위해서는 마음이 곧 부처이고 정토이며 자성이 곧 미타라고 설했으니 서방이 여기서 멀지 않다는 것이 그것이다. 또 하근기를 위해서는 10만 8천 리라 했으니 이른바 서방이 여기서 멀다는 것이다. 그렇기에 서방의 멀고 가까움은 사람에게 달려 있지 법에 있지 않고, 서방이 드러나고 숨는 것은 말에 따른 것이지 뜻에 있지 않다"라고 하여 근기에 맞추어 염불의 종류와 방식이 다르다고 해석했다.[65] 이처럼 그는 최상의 능력을 갖춘 이를 위한 염불선 수행 외에도 일반 대중을 위한 아미타불의 타력에 기댄 염불왕생의 길을 인정했다. 나아가 방편상 서방 극락정토를 상정하고 타력에 의한 염불 신앙이 더 쉽고 빠른 길임을 다음과 같이 긍정했다.

> 나무아미타불 6자 법문은 윤회를 벗어나게 하는 지름길이다. 마음으로는 부처의 경계를 대상으로 하여 기억하고 지키면서 잊지 않고, 입으로는 부처의 명호를 부르는 것을 분명하고 또렷하게 해야 한다. 이처럼 마음과 입이 상응하는 것을 염불이라고 한다. 여러 덕이 높은 고승들은 곧바로 본래의 마음을 가리켰을 뿐 별다른 방편을 쓰지 않았다. 이치는 정말로 이와 같지만 방편문에서는 실제로 극락세계가 있고 아미타불의 48대

> 원이 있으니 아미타불을 10번 떠올리며 부르면 그 원력을 받아서 정토에 왕생하여 윤회의 굴레에서 바로 벗어날 수 있다. 자력과 타력은 하나는 늦고 하나는 빠르다. 바다를 건너려는 자가 나무를 심어 배를 만드는 것은 오래 걸리므로 비유하자면 자력이라 할 수 있고, 배를 빌려 바다를 건너는 것은 빠르니 아미타불의 타력에 비유할 수 있다.[66]

이전에 보조 지눌의 경우에는 염불을 수행의 방식으로 인정하지 않았고 근기가 낮은 이들을 위한 교화의 방편으로, 즉 신앙의 측면에서만 바라보았다. 하지만 고려 말에 원나라에 가서 법을 전해 온 선승들이 중국에서 유행하던 염불선의 경향에서 영향을 받아 선 수행의 방편으로 염불을 강조하게 되었고, 이후 염불선 수행과 염불정토 신앙이 모두 이어져 왔다.[67] 그 결과 이 시기에 와서 비록 염불선 수행이 더 강조되면서도 염불 신앙 또한 염불문 안에 포섭되어 당당히 자리를 잡은 것이다. 이러한 포용적 성격 덕분인지 삼문 체계 성립 이후 염불문은 승속의 구분 없이 큰 호응을 받으며 대중 속으로 확산해 갔다.

삼문 체계가 이론적으로 정립된 것은 청허 휴정의 제자 편양 언기에 의해서였다. 그는 “경절문 공부는 조사의 화두를 참

그림 12 〈동화사 보조 지눌 진영〉, 위키미디어에서 전재

구하여 때때로 깨닫고 일어나는 의심을 분명히 알아서, 느리지도 않고 서두르지도 않으며 산란한 데에 떨어지지 않고, 마치 아이가 엄마를 생각하듯 간절한 마음으로 잊지 않다가, 마침내 한꺼번에 땅을 박차고 일어나는 오묘함을 보는 것이다. 원돈문

공부는 하나의 신령한 심성이 본래 청정하고 원래 번뇌가 없음을 돌이켜 비추어 보는 것이다. 만일 경계에 대해 분별하는 마음이 생길 때는 곧바로 그 분별심이 일어나기 전을 향해 이 마음이 어디서 일어났는지를 끝까지 찾아가야 한다. 염불문 공부는 움직이고 멈추는 하나하나의 행동에서 항상 서방을 향해 부처님을 생각하며 마음속에서 잊지 않는 것이다. 그렇게 하면 목숨을 마칠 때에 아미타불이 최상의 연화대로 영접하게 될 것이다"라고 했다.[68]

다시 말해 편양 언기는 조사의 화두를 참구하여 곧바로 깨달음에 이르는 수행방안을 경절문이라고 설명한다. 그리고 원돈문은 교를 빌려서 핵심 가르침을 드러낸 것으로 교학을 통해 선에 들어간 뒤 최종적으로는 그것을 버려야 한다고 보았다. 교학 공부를 통해서 심성이 본래 청정함을 되돌아보고, 분별심이 일어나면 끝까지 쫓아서 타파해야 한다는 것이다. 염불문은 마음을 하나로 모으기 위해 수행하는 유심정토 염불이 있고, 서방정토의 아미타불을 믿고 왕생을 기원하는 서방정토 염불이 있다. 앞서 휴정이 유심정토를 중시하면서 정토왕생을 위한 염불을 방편으로 제시한 것에 비해, 언기는 이를 균형 있게 포괄적으로 받아들이고 있다. 마음과 경계가 다르지 않음을 알고 일심으로 염불하면 임종할 때 아미타불이 맞으러 온다는 말에서 유심정토와 서방정토가 공존하는 모습을 볼 수 있다.

조선 후기의 삼문 체계는 보조 지눌이 주창한 '성적등지문惺寂等持門, 원돈신해문圓頓信解門, 간화경절문看話徑截門'의 삼문과는 이름이나 구조상 유사한 면이 있다. 하지만 내용에서는 큰 차이가 나는데, 지눌의 삼문은 정혜쌍수와 돈오점수, 즉 선교 융합을 기조로 하여 마지막 단계에 가장 뛰어난 간화선 수행을 배치한 것이다.[69] 이에 비해 조선 후기의 삼문은 간화선을 의미하는 경절문은 같지만 원돈문은 교학 자체를 가리키는 것이고, 무엇보다 지눌의 삼문에는 없는 염불문이 들어간 것이 특징이다. 조선 후기에는 지눌의 삼문에 대해 정혜쌍수에 해당하는 경절문과 원돈문, 그리고 중생구제의 방편인 정토문淨土門으로 이해하고, 이를 통해 지눌이 선과 교, 염불의 삼문을 겸행했다는 평가까지도 나왔다.[70] 하지만 이는 지눌과 조선 후기 삼문을 혼동하여 생긴 잘못된 인식이었다.

17세기 전반에 선, 교, 염불을 모두 포괄하는 삼문 체계가 성립된 것은 당시 불교계의 경향에서 그 원인을 찾을 수 있다. 이 시기에는 앞서 고려부터 이어져 온 선과 교의 전통과 함께 염불, 진언眞言 다라니多羅尼, 수륙재水陸齋 등 다양한 수행 및 신앙, 의례가 공존하고 있었다.[71] 휴정의 조사인 벽송 지엄 또한 "조사선을 참구하고 부처님의 가르침이 담긴 여러 경전을 보다가 정토왕생을 희구한다"라고 하여,[72] 종합적 수행체계로서 삼문의 출현을 예고했다. 공인된 종파가 없었고 선종을 중심으로 다양한 불교 전통을 포섭하고 계승해야 했던 시대 상황에서 이처럼 종합적·포괄적 성격을 갖는 삼문 체계가 등장한 것이다. 특히 삼문에 염불문이 들어간 것은 시대의 요청을 그대로 반영한 것으로, 염불선 형태의 수행뿐 아니라 서방정토의 존재를 상정한 염불정토 신앙까지 포괄했다.

삼문 체계의 특징은 선, 교, 염불을 각각 전문적으로 닦으면서도(전수專修), 여러 수행방안을 용인하는 포괄적·융합적 수행방식이라고 할 수 있다. 이는 한 사람이 세 가지 수행방식을 반드시 모두 해야 한다는 뜻의 전수全修는 아니었으며, 능력과 방편에 따라 선택지를 다양화하여 수행과 깨달음의 기회를 넓힌 것이다. 예를 들어 휴정의 제자 영월 청학의 경우 선의 참구만 중시하는 것을 비판하면서 교학을 입문으로 하는 점차적·단계적 수행의 필요성을 강조한 바 있다.[73] 또 18세기에 활동한 월파 태율月波兌律(1695-?)은 "격외格外의 선禪을 참구하다가 하룻밤 꿈에 서천西天에 이른다"고 하여,[74] 선 수행과 함께 서방정토를 꿈꾸는 모습을 볼 수 있다. 풍악 보인楓嶽普印(1701-1769)도 원래 강사로 활동하다가 만년에 들어 교학 강의를 그만두고 좌선 삼매와 염불에 전념했다고 한다.[75] 이처럼 선, 교, 염불 가운데 자신의 취향에 맞는 방식을 택하거나 시간이 가면서 선택지가 바뀌는 경우를 적지 않게 볼 수 있다.

한편 삼문 체계가 뿌리를 내리면서 승려를 칭하는 명칭이 전문분야에 따라서 달라지기도 했다. 기록에 따라 선승뿐 아니라 염불승도 수좌首座라고 했고, 경전을 공부하는 교학승은 강사講師로 불렀다. 그리고 삼문을 업으로 삼는 이들은 이판理判 승려로 인정을 받았고, 사찰의 사무 행정과 운영을 담당하는 사판事判 승려와는 구분되었다.[76] 이처럼 조선 후기에 선, 교, 염불이 삼문의 수행체계 안으로 포섭되면서 다양한 불교 전통이 융합적으로 계승될 수 있는 기반이 마련되었다.

다만 삼문의 포용성과 근원적 동일성이 강조되면서도 선이 가장 우월하다는 점은 대체로 인정되었다. 몇몇 교학승이 "선가의 발언은 분에 넘치고 도가 지나칩니다. 이것은 눈이 있어도 발이 없는 격이 아니겠습니까?"라고 따지자, 휴정은 "선가는 눈도 갖추고 발도 갖추었다. 영원히 생사윤회에 빠져 있을지라도 성인의 해탈을 뒤따르지 않는 것이 선가의 안목이다. 다른 사람의 잘못을 보지 않고 언제나 자신의 허물을 스스로 보는 것이 선가의 발이다. 아! 시대가 흘러서 성인의 때와 멀어질수록 정법을 흙덩이처럼 보고 있으니, 내 이 말은 한 잔의 물로 수레의 불을 끄는 것과 같도다. 선종의 5조 홍인弘忍은 '내 본심을 지키는 것이 모든 부처를 칭념하는 것보다 나으리라'라고 했고 하늘을 가리키며 '내가 만일 속이는 것이라면 나는 대대로 호랑이와 이리에게 먹힐 것이다'라고 맹세했다. 배우는 이가 이 대목에서 비감함이 들지 않는다면 나무나 돌과 다르지 않다고 할 수 있다"라고 대답했다.[77]

선을 우위에 두는 것은 정관파淨觀派에 속한 무경 자수無竟子秀(1664-1737)에게서도 보인다. 자수는 "생각으로 헤아릴 길이 없고 아무런 맛도 없는 이런 도리로 일상에서 관찰하는 것이 선을 닦는 이들의 마음 씀이다. 주체도 대상도 없고 이쪽도 저쪽도 없이 만물과 내가 한 몸이고 범부와 성인이 다름없어서 평등한 하나의 이치로 관찰하는 것이 교를 배우는 이들의 마음 씀이다. 그렇기에 비록 원돈圓頓의 가르침이라 해도 모두 연기緣起하면서 걸림이 없는 앎과 견해, 이름과 형상을 떠난 이해와 실천을 벗어나지 못하는 것이다. 오직 선문만이 이러한 틀어잡을 콧구멍이 없는 도리로 마음을 쓰는 방편으로 삼는다"라고 하였다.[78] 교가 이해와 알음알이에서 벗어나지 못함에 비해 선이야말로 깨달음으로 나아가는 진정한 수행방식임을 강조한 내용이다.

그런데 18세기 이후에는 교학의 대표 격인 화엄학의 전성시대가 펼쳐지면서 교학을 가리키는 원돈문의 위상은 이제 선

그림 13 **화엄사 각황전**, 국가유산청 국가유산포털에서 전재

의 경절문과 동등한 것으로 인식되었다. 백암 성총이 가흥대장경 및 이력과정의 불서를 대규모로 간행한 이후 강원 교육이 더욱 활성화되었는데, 특히 대교과에 들어간 『화엄경』에 대한 주석서인 징관澄觀의 『화엄경소초』가 크게 유행했다. 부휴계에 속한 백암 성총은 1691년 순천 선암사仙巖寺에서 화엄대회를 개최했고, 제자 무용 수연無用秀演(1651-1719)은 1719년 송광사松廣寺에서 화엄회를 열었다. 그리고 편양문파의 환성 지안喚醒志安(1664-1729)이 1725년 김제 금산사金山寺에서 화엄대회를 주관했을 때

는 1,400여 명이 모였다고 한다. 화엄학의 인기는 그칠 줄 몰라 1754년 상월 새봉霜月璽篈(1687-1767)이 선암사에서 1,200명이 운집한 가운데 화엄대회를 성황리에 마쳤고, 1785년에 혜암 윤장惠庵玧藏이 지리산 화엄사에서 화엄회를 열었을 때는 1,500여 명이나 참가했다고 한다.[79]

한편으로는 염불문이 자리를 잡으면서 삼문 사이의 대등한 관계가 확고해졌다. 다시 말해 염불문은 화엄의 원돈문, 간화선의 경절문과 동등한 위상으로 격상되기에 이르렀다. 예를 들어 경암 응윤鏡巖應允(1743-1804)은 명의 지욱智旭이 『아미타경阿彌陀經』을 원돈교에 배정했음을 들어, 정토 경전인 『아미타경』이 『화엄경』과 마찬가지로 원돈교에 들어간다고 설명했다. 또한 그는 염불문과 원돈문이 근원적으로 일치한다는 것을 근거로 일체 방편이 염불의 방편이라고 보았다.[80]

염불문이 포괄하는 대상은 자력에 의한 유심정토의 염불선 수행, 서방정토를 염원하는 타력에 의한 염불정토 신앙을 아우르는 것이었다. 앞의 염불선은 정토를 마음에 투영하여 수행에 의한 마음의 깨달음을 목표로 하며, 뒤의 염불 신앙은 아미타불의 원력에 의해 서방 극락정토로의 왕생을 기원하는 것으로서 훨씬 대중적인 성격을 갖는다. 조선 후기의 선사들은 평생 염불 수행을 하기도 했고 정토왕생을 추구하는 이들도 있었다. 당시 고승들의 비문이나 행장을 보면 교학 공부와 선 수행을 병행하거나 그중 하나를 전문적으로 행하다가 만년에 염불에 전념하는 사례가 적지 않게 나온다.

이처럼 선과 교를 기본 수행방안으로 하면서도 염불에 전념하는 승려들의 모습은 자료에서 쉽게 찾아볼 수 있다. 염불문의 확산과 염불 수행의 일상화를 보여 주는 대표적 사례를 소개하면, 먼저 17세기 후반과 18세기 초에 활동했던 석실 명안石室明安(1646-1710)의 경우 처음에 선을 배운 뒤에 백암 성총에게 교학을 수학하고 나서 화엄 원융圓融의 취지를 전해 받았다. 만년에는 염불 왕생문에 완전히 귀의하여 1709년 지리산 칠불암七佛庵에서 70여 명의 대중이 동참하는 염불 결사인 서방도량西方道場을 결성했고 『현행법회예참의식現行法會禮懺儀式』을 간행했다. 명안은 언제 어디서나 '나무아미타불'을 외었고 정토왕생을 기원하는 「염불가」를 지었으며, 입적하기 직전에 서쪽을 향하여 세 번 절했다고 한다.[81]

또 18세기에 활동한 기성 쾌선箕城快善(1693-1764)은 선과 화엄을 두루 익힌 후 마지막에 염불정토문의 입장에서 선과 교를 포섭하려고 했다. 그는 선문과 교문은 사람의 근기에 따라서 차등을 두지만, 염불문은 수행의 단계를 제한하지 않고 선과 교, 보통 사람과 성인, 선과 악을 모두 포괄하므로 삼문 중에서 가장 뛰어난 것으로 보았다.[82] 쾌선이 쓴 『염불환향곡念佛還鄕曲』은 고향을 찾아가던 도중에 선과 화엄을 접했지만 결국은 아미타불의 이름을 부르면서 고향으로 돌아간다는 내용이다.[83] 여기서 선과 교를 앞세우거나 삼문을 원칙적으로 동등하게 보는 당시의 일반적 경향과는 달리, 선과 교보다 염불을 더 중시한 쾌선의 특성을 엿볼 수 있다.

비슷한 시기에 교, 선, 염불 순으로 차례대로 실천에 옮긴 이로는 용담 조관龍潭慥冠(1700-1762)을 들 수 있다. 그는 이력과정의 대교과에 속한 『선문염송』과 화엄의 원돈법에 밝아서 선과 교 모두에 정통한 것으로 알려져 있다. 그런데 50세가 넘어서 교학 공부를 그만두고 참선 수행에만 전념했다. 그러다 말년에는 유심唯心과 자성自性을 강조하면서 오로지 염불 수행에 매진했다. 조관은 "9품의 연화대蓮花臺에 올라 아미타 옛 주인을 우러러본다"라고 하고, 자신이 입적하면 아미타불에게 불공을 드리라고 제자에게 당부했다.[84] 그에게 배운 추파 홍유秋波泓宥(1718-1774)도 말년에 선과 교의 병폐를 지적하며 염불 왕생문을 교화 방편의 요체로 삼았다. 홍유도 임종을 앞두고는 "한마음으로 아미타불을 떠올려 바로 서방극락으로 왕생하리"라고 읊었다.[85]

이처럼 삼문이 성립된 이후 염불문은 수행방식으로 확고히 자리를 잡았다. 그러면서 삼문에 대한 체계적인 이론적 정비도 이루어졌다. 18세기 후반에 진허 팔관振虛捌關이 쓴 『삼문직지三門直指』(1769)에서는, "경절문, 원돈문, 염불문의 삼문을 통해 심성을 바로 깨닫고(직견直見), 법계法界에 증득해 들어가며(증입證入), 정토에 왕생한다. 삼문이 비록 각각 다르기는 하지만 그 요체는 같다"라고 하여 수행체계로서 삼문의 근원적 일치를 강조했다. 팔관은 경절문은 정면, 원돈문은 동쪽, 염불문은 서쪽에 비유하며 누구나 지나갈 문을 선택하여 깨달음의 길로 나아갈 수 있다고 설명했다.[86] 다시 말해 사람의 능력은 천차만별이지만 삼문 가운데 자신에게 맞는 수행법을 택해 실천하면 결국 깨달음을 얻을 수 있다는 것이다. 삼문을 통해 깨달음의 문호가 훨씬 넓어져 갔음을 볼 수 있다.

18세기 후반에 교학의 종장으로 이름났던 연담 유일蓮潭有一(1720-1799)은 염불문을 자심정토自心淨土와 자성미타自性彌陀의 선정자력문禪定自力門이라고 하여 염불선의 수행론적 입장에서 바라보았다. 그러면서 그는 중생구제의 신앙적 성격을 갖는 연지만일회蓮池萬日會를 개설하기도 했다.[87] 이후 유일의 문손 범해각안梵海覺岸(1820-1896)은 해남 대흥사大興寺에서 무량회無量會가 열렸을 때 "아미타불을 옆에서 모시는 대세지보살大勢至菩薩은 염불로 사람을 응대하고 관음보살觀音菩薩은 참선으로 대중을

그림 14 **해남 대흥사,** 국가유산청 국가유산포털에서 전재

가르치니 염불과 참선은 두 개의 다른 이치가 아니다"라고 하여 참선과 염불의 일치, 수행과 신앙의 병행을 추구했다.[88]

삼문의 성격과 위상에 대한 평가는 19세기의 선 논쟁에서도 이어졌다. 선 논쟁의 실마리를 제공한 백파 긍선白坡亘璇(1767-1852)은 염불문을 자력 수행에 한정하고 타력적 성격의 염불 신앙은 배제해야 한다고 주장했다. 그는 염불도 마음을 닦는 수행법이기는 하지만 서방(극락정토) 왕생은 진실한 법이 아니며 상근기가 하는 염불 수행만이 선종의 서래밀지西來密旨와 부합한다고 보았다.[89] 그는 선을 조사선祖師禪, 여래선如來禪, 의리선義理禪의 3종으로 차등적으로 구분했는데, 제일 위에 간화선을 올리고, 다음으로 교학, 가장 낮은 단계를 염불로 보았다. 이에 대해 초의 의순草衣意恂(1786-1866)은 '조사선=격외선格外禪'을 선, '여래선=의리선'을 교로 상정하고 방편상 이렇게 구분할 수는 있겠지만 선과 교 사이에 본질적인 차이나 우열은 없다고 반박했다.[90] 이를 삼문에 적용해 보면 조사선은 경절문이고 원돈문과 염불문은 의리선에 해당한다. 삼문을 둘러싼 선 우위론과 선·교·염불 일치론의 이중적 구도를 선 논쟁에서 확인할 수 있다.[91]

이처럼 조선 후기에 염불문이 중시되고 확산되는 경향 속에서 정토 관련 서적이 다수 간행되었고 승과 속을 가리지 않고 염불 신앙이 크게 유행했다. 정토 서적의 빈번한 간행은 17세기 말에 우연히 이루어진 중국 불서의 유입이 기폭제가 되었다. 백암 성총이 1681년 전라도 임자도에 표류해 온 중국 가흥대장경본 불서를 수집하여 그중 12종 190여 권의 책을 복각한 것이 그 발단이었다. 성총이 제일 먼저 판각한 것이 바로 『정토보서淨土寶書』 1권이었는데, 그는 가흥장 속장에 수록된 정토 서적을 발췌하고 교감을 본 뒤 전라도 낙안 징광사澄光寺에서 1686년에 펴냈다. 이와 함께 「정토찬淨土讚」을 지어 염불과 정토의 중요성을 강조했다.[92]

『정토보서』가 나오고 20년이 채 안 된 1704년에는 명연明衍이 『염불보권문念佛普勸文』을 예천 용문사龍門寺에서 펴냈다. 이 책에는 정토에 왕생한 이들의 이야기나 불교 가사 「회심곡回心曲」 등이 한글로 실렸고 염불의 작법作法 절차를 구체적으로 기술해 놓았다. 그 요지는 염불을 통한 극락정토 왕생을 기원하는 것으로 여러 부처 가운데 아미타불에 염불하는 것이 가장 낫고 극락이야말로 가장 뛰어난 부처의 세계임을 역설했다.[93] 이 책은 1776년 해인사海印寺 중간본을 비롯해 80여 년에 걸쳐 7번 이상 재간되었을 정도로 당시 염불 신앙이 큰 호응을 얻었음을 볼 수 있다. 이어 해봉 유기海峰有璣(1707-1785)가 명연의 『염불보권문』에 없는 내용을 추가·보완하여 『신편보권문新編普勸文』을 편찬했다.[94]

염불문의 확산은 수행뿐 아니라 신앙 면에서도 새로운 수요를 많이 창출했다. 염불 관련 의례서의 간행에서도 그 사실을 알 수 있는데, 『예념미타도량참법禮念彌陀道場懺法』, 『예념왕생문禮念往生文』과 같이 염불 의식을 모아 놓은 의례 작법서가 연이어 나왔다. 그것도 목판으로 한 번에 1,000부를 찍을 정도로 인기가 대단했다.[95] 극락정토로의 왕생을 기원하거나 죽은 이의 영혼 천도를 위해 법식法食을 베푸는 시식施食 의례 등이 발달하면서 그 절차가 의례서에 고스란히 반영되었다.[96]

이와 함께 정토왕생을 권면하는 내용의 문학작품 찬술도 활발히 이루어졌다. 가장 유행한 것은 불교 가사의 창작이었는데, 서방 극락정토로의 왕생을 염원하는 왕생 가사, 참선 수행을 통해 마음을 닦고 자성을 깨칠 것을 권면하는 참선 가사가 주종을 이루었다. 19세기에 나온 대표적 왕생 가사인 『권왕가勸往歌』는 염불 수행을 할 때 경계해야 할 10가지 악업惡業을 소개하고 정토왕생의 요체를 제시했다. 그래서 당시 성행한 만일염불회에서도 이러한 가사가 활용되었다.[97] 또한 염불과 정토를 주제로 한 소설도 유행했는데, 환생과 염불을 통한 극락왕생을 다룬 「왕랑반혼전王郎返魂傳」이 특히 유명하다. 이는 일찍이 1637년 화엄사에서 간행한 『권념요록勸念要錄』 안에 한문본과 한글본이 수록된 이래, 1753년 동화사桐華寺, 1776년 해인사, 1787년 선운사禪雲寺 등에서 펴낸 염불 정토 관련 서책에 부록으로 들어가는 등 홍행에 성공했다.

염불문의 정착과 염불 신앙의 유행에 따라 조선 후기에는 염불 관련 결사結社 조직이 다수 생겨났다. 승속이 함께 참여하는 신앙공동체이자 재정 기반 확충을 목적으로 하는 염불계念佛契나 염불회念佛會가 각지에서 결성되었다. 여기에는 많은 대중이 오랜 기간 참여하는 등 지역사회의 종교적 구심점 기능을 하면서 큰 호응을 얻었다. 그렇기에 염불계를 주관하는 염불당念佛堂의 화주化主가 사찰의 재정 운영에서 중요한 역할을 담당했다. 예를 들어 경상도 오어사吾魚寺에서는 승속 150명이 동참한 염불계에서 토지를 구입했고 여기서 나온 소출로 염불당을 지었다.[98]

염불문의 확산은 정토에 대한 다양한 인식을 낳았다. 유심정토에 기반한 염불선 수행에서는 서방 극락정토가 별다른 의미를 갖지 않았지만, 염불문의 대중화와 함께 극락정토의 존재가 방편상으로 인정되었다. 그런데 마음의 정토뿐 아니라 서방정토로의 왕생이 추구되면서 극락의 실재 여부가 논란이 되기도 했다. 18세기 후반에 활동한 인악 의첨仁嶽義沾(1746-1796)은 "천당天堂을 보지 못했다고 해서 없다고는 할 수 없다"고 주장했다.[99] 동시대의 연담 유일도 "극락이 보이지 않는다고 해서 없다고 할 만한 근거는 없다"고 보았다. 유일은 한 걸음 더 나아가 "반드시 불교를 믿고 염불하지 않더라도 세간의 착한 이들은 왕생할 수 있다. 천당이 있다면 그곳은 군자가 오르는 곳이어서 잘못을 깨닫고 진성眞性을 드러내야 한다"라고 하여 시대 조류에 맞는 왕생의 기준을 제시했다.[100]

유일의 주장에서 주목되는 내용을 정리해 보면, 첫째 염불하여 왕생하는 곳인 극락의 존재를 부정하지 않았다. 이는 서방 극락정토로의 왕생을 바라는 이들의 절실한 염원을 인정하여 염불 신앙의 대중적 확산을 수긍한 것으로 볼 수 있다. 둘째 불교나 염불과 상관없이 착한 이들이 왕생할 수 있다고 보았다. 윤리 도덕과 현실적 실천을 왕생의 기준으로 세워 유교사회에 맞는 내세로의 길을 연 것이다. 셋째 참회하고 본성을 발현함으로써 천당에 갈 수 있다고 하여, 염불 신앙과 마음을 닦는 수행을 통해 왕생이 가능하다고 보았다. 동아시아에서는 7세기 이후 부처의 명호를 부르는 칭명 염불을 통해 악한 자도 왕생할 수 있다고 설명해 왔는데,[101] 18세기 조선에서는 선행善行과 본성을 왕생의 기준으로 내세우고 있어 주목된다.

한편 '유심정토, 자성미타'의 연장선상에서 마음의 본원을 상정하고 그 외연을 넓히는 논리도 나왔다. 선암사의 해붕 전령海鵬展翎(?-1826)은 "(불교가) 마음을 밝혀 본성을 깨치는 것이고 태극太極을 갖춘 개개인의 본원은 자성천진불自性天眞佛"이라고 하여 마음이 곧 부처라는 '즉심즉불卽心卽佛'의 논리를 내세웠다. 나아가 그는 남자와 여자, 소나 말 같은 동물도 모두 부처라고 하여 모든 유정물有情物이 불성佛性을 가진다는 점을 강조했다.[102] 염불문에 포함된 마음을 깨치는 실천수행의 측면에서 볼 때, 마음의 본성과 중생의 범주에 대한 이러한 논의는 마음과 대상의 확장으로까지 넓혀서 해석할 수 있다.

19세기에는 강원도 건봉사乾鳳寺, 신계사神溪寺의 만일염불회萬日念佛會를 비롯해 전라도 미황사美黃寺, 경상도 범어사梵魚寺 등 전국적으로 10여 회의 만일염불회가 결성되었다.[103] 특히 금강산 건봉사에서는 1801년, 1851년, 1881년 세 번에 걸쳐 만일염불회가 조직되었는데, 이는 전국적인 유행을 이끌었다. 여기서도 염불문이 일상적 수행문으로 안착했음을 볼 수 있다. 염불문이 삼문의 주축으로 자리 잡았음은 1863년에 쓰인 『산사약초山史略抄』에서도 확인할 수 있다. 이 책에서는 불교의 가르침을 실천하는 경절문·원돈문·염불문 수행에 대하여 각각 선·교·정토에 왕생하기 위한 수행문이라고 기술하고 있다. 또 경절문을 말하면서 진귀조사眞歸祖師를 언급했고 선 논쟁에 등장하는 조사선과 격외선에 대한 인식도 들어 있다. 원돈문은 종밀이 제시한 5교(인천교人天敎·소승교小乘敎·대승법상교大乘法相敎·대승파상교大乘破相敎·

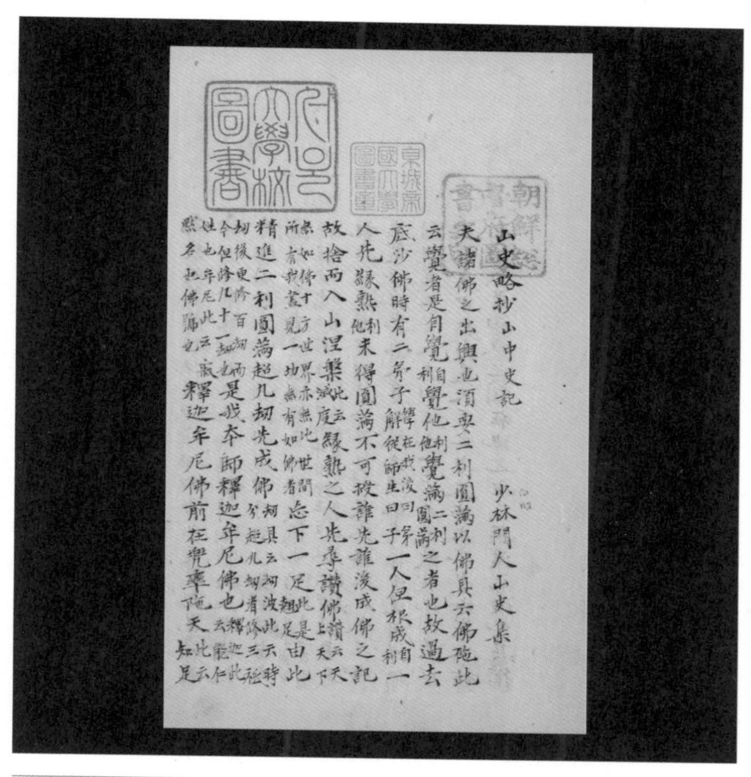
山史略抄 山中史記 少林門人山史集
夫諸佛之出興也須要二利圓滿以佛具云佛陁此云覺者是自覺自利覺他利他覺滿二利圓滿之者也故過去
底沙佛時有二弟子釋迦彌勒解在彼從師彼後曰子一人但根成自利一
人先緣熟利他未得圓滿不可捉誰先誰後成佛之記
故捨兩入山涅槃此云滅度緣熟之人先尊讚佛讚云天上天下
無如佛十方世界亦無比世間所有我盡見一切無有如佛者忘下一足超此是由此
精進二利圓滿超凡劫先成佛劫具云劫波此云時分超九劫者修三祇
劫後更修百劫今但修九十一劫而成也是我本師釋迦牟尼佛也釋迦此云能仁
姓也牟尼此云寂默名也佛陁此云覺也 釋迦牟尼佛前在兜率陁天此云知足

그림 15 **『산사약초』**, 서울대학교 규장각한국학연구원 소장

일승현성교一乘顯性敎)를 인용해 화엄 교학의 수행문이라고 규정했다. 그리고 염불문에서는 서방정토와 유심정토를 동시에 다루었다.[104]

조선 후기 불교계는 임제종 전법을 정통으로 내세운 법통을

표방하여 선종으로서의 정체성을 분명히 했고, 그에 부합하는 간화선 우위의 수행 기풍을 강조했다. 청허 휴정은 『선가귀감』 등 자신의 저술에서 이후 펼쳐질 불교 사상과 수행의 방향성을 열어 두었는데, 그 요체는 '간화선 우위의 선교겸수'였다. 이는 교학을 입문으로 하여 선과 교를 함께 닦은 뒤에 문자의 이해에 얽매이지 않고 궁극적으로 간화선의 화두를 참구하는 방식이었다. 하지만 현실의 과제는 선종뿐 아니라 교학과 그 밖의 의례 및 신앙 전통을 복합적으로 계승해 나가는 것이었다. 이는 선과 교의 겸수를 요체로 하는 이력과정과 선·교·염불을 아우르는 삼문 수행체계의 정비로 나타났다.

삼문의 한 축이 된 염불문은 유심정토와 자성미타로 상징되는 염불선 수행방식, 그리고 서방 극락정토를 상정한 염불 신앙을 모두 포괄한 것이었다. 이는 선 수행을 하는 승려만이 아니라 일반 대중을 동시에 고려한 방안이었고 그렇기에 그 문호는 점차 넓어졌다. 조선 후기의 승려들은 선과 교, 그리고 염불 중에서 하나 이상의 전문분야를 가졌고, 교학을 수행의 입문으로 삼고 만년에 염불에 전념하는 것이 일반적이었다. 염불문 성립 이후 정토 관련 서적이 다수 간행되었고 신앙은 물론 의례와 문학 등에서 많은 수요가 창출되었다. 이를 반영하여 사찰계에서도 염불계의 비중이 제일 컸고, 19세기에는 만일염불회가 전국적으로 성행했다. 또 극락정토의 실재 여부나 왕생의 기준을 다룬 논의도 나왔는데, 염불 외에 선행과 도덕도 정토로 가는 유력한 방안으로 떠올랐다. 이제 아미타불이 주재하는 극락정토로의 왕생을 꿈꾸는 종교적 바람, 그리고 마음을 깨치는 선 수행으로서 염불선이 동시에 추구되었고, 이제 염불문을 통한 깨달음과 정토의 길은 누구에게나 열려 있었다.

4

유불 교류의 양상과 시대의 접점

유교가 정치와 사상, 사회 규범과 의례 등의 기본 준거 틀이 되었던 조선시대에도 유학자와 승려 사이의 인적·지적 교류는 활발하게 이어졌다. 조선 전기에는 관료가 정식으로 휴가를 얻어서 책을 읽고 공부하는 사가독서賜暇讀書 제도가 있었는데, 이를 산사에서 행하는 경우가 많았다. 세종 대의 집현전 학사들 가운데 하위지河緯地, 박팽년朴彭年, 신숙주申叔舟, 성삼문成三問 등 6인이 삼각산(북한산)의 진관사津寬寺, 장의사藏義寺에서 사가독서를 한 것이 대표적인 예이다. 이들은 독서하고 담소하며 서로 친분을 다졌을 뿐만 아니라 사찰의 승려들과도 교류했다.[105]

조선 초기 세종과 세조 대의 유명한 문신이자 『동국통감東國通鑑』과 『동국여지승람東國與地勝覽』, 『동문선東文選』의 편찬에 참여한 서거정徐居正(1420-1488)도 산사에서 공부했는데 그는 당시의 일을 다음과 같이 회고한다. "젊었을 때 한두 동지와 함께 북원, 중원, 여흥의 여러 산사에 가서 글을 읽었는데, 다닌 곳마다 산수가 뛰어난 장소가 많아 시를 쓰고 이름을 적어 기록으로 남겼다. 그래서 그로부터 20년 가까이 지난 지금에도 전에 유람했던 명승지들을 뚜렷이 기억할 수 있다"라고 하며 그곳을 찾아가는 지인에게 옛 추억을 떠올려 시를 보내 주었다.[106] 한편 정유재란 때 일본에 포로로 잡혀갔다가 조선 유학을 전하고 돌아온 강항姜沆(1567-1618)이 남긴 다음의 기록은 사찰이 독서를 위한 공간 외에도 지역 차원에서 인적 교류의 장이자 종교적 거점의 역할을 했음을 보여 준다.

> 불갑사佛甲寺를 둘러싸고 있는 나주, 영광, 무진, 장성 등 여러 고을의 선비들이 청정하고 탁 트인 사찰, 험준하고 맑은 바위와 물, 그리고 도회지에서 멀리 떨어져 있는 것을 기뻐하며 책을 들고 와서 독서를 했는데, 매일같이 수십 명이 찾아와서 봄여름에는 글 읽는 소리가 울려 퍼졌다. 이곳에서 과거 시험에 합격하여 나라에 이름을 떨친 이가 계속 이어졌으니 수행하는 장소가 학문과 연관이 있음이 이런 것이 아니겠는가? 이

는 오로봉五老峯의 백석암白石菴, 구강군九江郡의 백록동白鹿洞과 함께 훌륭함을 견줄 만하니 어찌 사찰이라 하여 소홀히 여길 수 있겠는가? 큰 가뭄이 들어서 산천에 기우제를 지낼 때면 수령이 관리를 데리고 와서 절에서 재계하고 머무르며 기우제를 지냈다. 서늘한 가을과 따뜻한 봄에는 고을 사람들이 모두 일제히 모였는데 노인들이 자식과 형제를 데리고 와서 강당에서 법문을 읽고 문루에서 음사飮射를 했다. 그렇기에 이 절이 흥하고 망하는 것이 어찌 승려들만의 기쁨과 슬픔이겠는가?[107]

이처럼 사찰이 지역 지식층의 독서 및 토론 공간으로 활용된 것은 경기도 광주 천진암天眞庵과 함께 '한국천주교회의 요람'으로 불리는 여주 주어사走魚寺의 사례에서도 볼 수 있다. 1779년 유명한 실학자인 성호星湖 이익李瀷의 제자 권철신權哲身이 주도한 남인南人 중심의 강학에는 다산茶山 정약용丁若鏞의 친형이자 『자산어보茲山魚譜』의 저자인 정약전丁若銓과 「천주공경가」를 지은 이벽李檗 등이 참여했다. 당시 강학의 내용은 유교의 6경과 양명학, 서학 및 천주교 교리였다고 알려져 있다.

그런데 정약용의 「권철신 묘지명」, 「정약전 묘지명」 등을 보면 1768년부터 1783년까지 천진암과 주어사에서 이루어진 강학에서 『중용中庸』과 『시경詩經』, 『서경書經』, 『예기禮記』, 『악기樂記』, 『역경易經』, 『춘추春秋』의 6경, 사단칠정四端七情에 관한 안정복安鼎福의 학설, 「숙야잠夙夜箴」·「경재잠敬齋箴」·「사물잠四勿箴」·「서명西銘」 등 주희朱熹, 정이천程伊川 등의 글이 대상이었다고 하며 천주교 관련 내용은 보이지 않는다. 다만 후대에 쓰인 샤를 달레의 『한국 천주교회사』(1874)에서 당시 10여 일 동안 강학을 하면서 유교 개념을 논의하고 철학·수학·과학·종교 등 서학 서적을 검토했고 기도와 묵상을 하는 등 천주교 공부와 신앙까지 실천했다고 기술하고 있다.[108]

조선 후기에는 통념과는 달리 유교와 불교가 대립적이었다기보다는 조선의 주요 전통으로 불교가 공고히 이어지면서 시대정신과 사상계의 과제를 함께 공유했다. 조선시대 불교사의 관점에서 볼 때 주어사에서 있었던 남인 유학자들의 강학은 그것이 유교 경서를 대상으로 한 사상 담론이었건, 천주교 교리를 공부했건 간에 불교의 사상적 포용성을 보여 주는 하나의 실례로 꼽을 수 있다. 이처럼 산사는 조선 사람들의 삶의 애환을 달래 주고 내세의 길을 안내하는 신앙의 거점이자 승속이 교류하는 소통의 장으로서 기능을 했다.

사대부나 유생들이 산사에서 승려와 교류하는 일은 조선 후기에도 드물지 않은 광경이었다. 17세기 이후에는 산을 답사하고 나서 유람기나 유람록을 남기는 풍조가 유행했는데, 그중 정시한丁時翰(1625-1707)의 『산중일기山中日記』의 내용을 소개해 본다. 이 글은 여행 중에 보고 들은 바를 그대로 적은 것으로서 당시 사찰의 모습과 거주 승려들의 면면이 생생하게 담겨 있다. 정시한은 1688년 6월 19일부터 대구 동화사 염불암 등에 머물렀는데, 산사를 탐방하는 여정에서 첨지승僉知僧·집강승執綱僧·남한승장南漢僧長 등의 직무승을 만나며 길을 안내하는 지로승指路僧의 존재도 보인다. 또 합천 해인사에 가서는 홍제암弘濟庵에 봉안된 사명 유정의 진영을 보았다고 하는데, 정시한은 해인사에 있던 다른 승려 진영이 도난당하여 부산의 왜관에서 판매되었다는 풍문도 전하고 있다.[109]

조선 후기의 인기 유람지였던 금강산, 지리산 등을 다녀와서 글로 남긴 유람록은 대개 양반 문인들이 작성했다. 그렇기에 유학자의 입장에서 또는 여행객의 시각에서 피상적으로 불교와 사찰, 승려를 기술했다. 그러다 18세기 이후에는 유람문화가 더 성행하면서 여러 계층을 망라한 이른바 유람가들이 등장했다. 또한 오랜 시간이 소요되는 장거리 여행이 늘어났고 화폐를 사용하고 주점을 이용하는 등 여건과 환경상의 변화도 일어났다. 지리산의 경우는 영남지역 사족들이 많이 찾았으며, 지리산 근방 인물들이 쓴 유람기가 다수 남아 있다. 지역 사족들 입장에서 유람은 집단적 유희이자 자신들의 사회적 관계망을 확인하고 결속력을 높이는 기회이기도 했다.[110]

한편 사족뿐 아니라 승려의 유람기도 전하는데 주요 답사지로 떠오른 금강산을 배경으로 한 허정 법종虛靜法宗(1670-1733)의 「유금강록遊金剛錄」, 혼원 세환混元世煥(1853-1889)의 「금강록金剛錄」이 대표적이다. 이들은 유학자들과는 차별적인 시각에서 금강산의 사찰과 지명에 얽힌 불교 관련 전승을 상세하게 기록했다. 금강산 지역의 승려들은 이들에게 외부자의 시선에서 본 단순한 관찰 대상이 아니었고 같은 정체성과 지향점을 가진 동료이기도 했다. 그렇기에 금강산이라는 공간 안의 역사와 문화, 전통의 의미를 승려의 시각에서 바라보고 인식하고 있다. 이들에게 금강산은 불보살이 상주하는, 말 그대로의 부처의 세계였고

그림 16 〈금강전도 12곡병〉, 국가유산청 국가유산포털에서 전재

역사 속 고승들의 자취가 어려 있는 상징적 공간이었다. 다시 말해 일반적 산수 유람이라기보다는 부처의 세계를 향한 순례길이라는 의미가 덧붙여졌다.[111]

금강산과 지리산 외에 서울의 북한산도 인기 있는 유람 대상지의 하나였다. 북한산은 백운대·인수봉·만경대의 세 봉우리가 삼각을 이룬다고 하여 원래 삼각산三角山으로 불렸고, 인수봉이 아이를 등에 업은 모습이라 하여 부아악負兒嶽이라는 별칭도 있었다. 조선 후기의 유람기를 보면 북한산은 서울 사람들이 뛰어난 경치를 즐기던 명승지였는데, 18세기 초에 북한산성北漢山城이 축성된 뒤에는 서울을 방어하는 군사시설로서 또 다른 볼거리를 제공하는 장소가 되었다. 특히 산성 안의 승영僧營 사찰은 신앙이나 수행의 공간이라기보다 수도 방위의 중차대한 임무를 맡은 곳이었고, 승려들도 유학자들과 시문을 나누는 학승이나 도를 닦는 선승이 아닌 성을 지키는 승군의 모습으로 주로 묘사되었다.[112]

조선시대 유학자 가운데는 불교 교리를 잘 알 뿐만 아니라 수행이나 신앙에 관심이 큰 이들도 있었다. 이 중 몇몇 대표적 유학자들의 불교에 대한 이해와 평가를 소개해 본다. 먼저 이이는 모친 신사임당의 삼년상을 치르고 금강산으로 들어갔다. 당시는 문정대비에 의해 1550년에 선종과 교종의 양종이 복원되

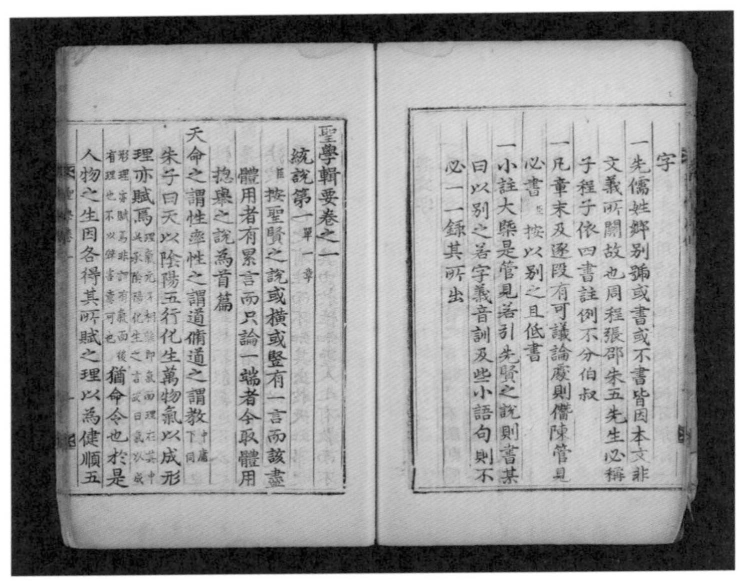
字
一先儒姓號別號或書或不書皆因本文非
文義所關故也周程張邵朱五先生必稱
子程子依四書註例不分伯叔
一凡章末及逐段有可議論處則僭陳管見
必書臣按以別之且低書
一小註大槩是管見若引先賢之說則書其
曰以別之若字義音訓及些小語句則不
必一一錄其所出

聖學輯要卷之一
統說第一 單一章
臣按聖賢之說或橫或竪有一言而該盡
體用者有累言而只論一端者今取體用
摠擧之說爲首篇
天命之謂性率性之謂道脩道之謂教 中庸下同
朱子曰天以陰陽五行化生萬物氣以成形
理亦賦焉 理氣元不相離即氣而理在其中此承陰陽化生之言故曰氣以成
形理亦賦焉非謂有氣而後有理也不以辭害意可也 猶命令也於是
人物之生因各得其所賦之理以爲健順五

그림 17 『성학집요』, 서울대학교 규장각한국학연구원 소장

고 승과가 재개된 직후였다. 이이는 입산 출가 후 1년 동안 불교를 공부했는데, 그는 "불교의 오묘한 이치가 유교에서 벗어나지 않으므로 굳이 유교를 버리고 불교에서 구할 것이 없다"라고 하고는 세속으로 되돌아왔다. 이이는 국왕 선조에게 올린 『성학집요聖學輯要』에서 윤회와 같은 내세의 설은 허무맹랑하다고 비판하면서도 불교의 심성론에 대해서는 나름의 가치를 인정했다.

다음으로 최초의 한글 소설인 『홍길동전』을 지었다고 알려진 허균許筠(1569-1618)은 삼척 부사로 있을 때 불상을 모셨다는 이유로 파면당할 정도로 당시로서는 보기 드문 숭불 행위로 유명한 유학자 관료였다. 그의 친형인 허봉許篈은 사명 유정과 절친이었는데 임진왜란 때 팔도 도총섭으로 활약한 유정이 자신의 시문 원고를 그에게 맡겨서 보관하게 했을 정도였다. 허균도 유정과 밀접하게 교류했고 유정이 입적한 뒤 그 문도들의 부탁으로 비문과 문집의 서문을 써 주었다. 이때 제기된 것이 조선 불교의 첫 법통인 '고려나옹 법통'이었다. 이처럼 불교를 좋아하고 또 교리에도 해박했던 허균은 "위로는 유학을 높여 사대부의 습속을 맑게 하고 아래로는 부처의 인과와 화복으로 인심을 깨우치면 고르게 잘 다스려질 것이다'라는 일종의 유불 병행론을 주장했다.

또 조선 실학의 선구자라고도 불리는 이수광李睟光(1563-1628)은 마음으로 본성을 본다는 불교의 '즉심견성卽心見性', 마음을 간직하고 이치를 밝힌다는 유교의 '존심명리存心明理'가 마음의 근원과 작용의 측면에서는 같지 않다고 보았다. 하지만 그는 『지봉유설芝峯類說』에서 "이단異端은 유학의 도에 해가 되지만 한편으로는 이익도 있다. 불교에서 마음을 살피는 것은 마음을 멋대로 놓아두는 자의 경계가 되고 살생을 금하는 것은 죽이기 좋아하는 자에게 금기가 된다"라고 하여 교화와 윤리의 측면에서 불교가 가진 효용성과 가치를 인정했다.

그런데 유교와 불교의 상대에 대한 이해는 유학자뿐만 아니라 승려들에게서도 나타난다. 조선시대 학승과 고승들은 대개 한학과 유학에 깊은 소양을 가지고 있었다. 그렇기에 당대의 명사들과 시문을 주고받거나 사상 담론을 펼치는 것이 가능했다. 청허 휴정은 출가 전에 성균관에서 유학을 공부했고 유·불·도의 요체를 정리한 『삼가귀감三家龜鑑』을 지었다. 또 휴정이 당대의 명유 이황, 조식曺植, 기대승奇大升과 교류한 사실을 문집인 『청허당집』에서 확인할 수 있다. 휴정이 입적하고 나서 그의 비문과 문집 서문을 써 준 이는 당시 한문 4대가로 이름났던 이식李植, 이정구李廷龜, 장유張維였다. 조선 후기에는 일가를 이룬 학승이나 각 문파의 고승이 입적하면 명문 사대부와 마찬가지로 문집이 간행되고 비가 세워지는 것이 관례가 되었다. 이때 제자들이 스승을 위해 이름난 문사나 고위 관료를 찾아가서 비문이나 문집 서문 등을 의뢰하는 경우가 많았다. 휴정의 제자 사명 유정은 우의정·좌의정·영의정을 차례로 지낸 노수신盧守愼(1515-1590)에게 노장老莊과 당송唐宋 시를 배우기도 했다.

이처럼 승려와 유학자 사이에 펼쳐진 활발한 교류와 밀접한 관계는 여러 기록에서 찾아볼 수 있는데, 홍만종洪萬宗(1643-1725)

과 부휴계의 고승 취미 수초翠微守初(1590-1668)가 나눈 다음의 대화 내용을 소개해 본다. 이후에 홍만종은 『순오지旬五志』(1678)에서 "불교는 널리 구제함을 어머니로 삼고 방편을 아버지로 삼으며 자비로 아들을 삼아 번뇌를 덜어 버리니, 여기에는 아무런 집착도 없고 원만히 통함만 있을 뿐이다"라고 긍정적인 평가를 남겼다.[113]

> 내가 젊어서 속리사俗離寺에 갔을 때 승려 수백 명이 양측으로 나누어 앉아서 서로 절하고 공양을 하는 것을 보고 "옛날 정명도程明道가 이른바 삼대三代의 위의威儀가 모두 여기에 있다 한 것이 바로 이것이구나"라고 생각했다. 이곳에는 취미 수초라는 승려가 있는데 매우 총명하고 인품이 깨끗하여 함께 이야기할 만했다. 대사는 "인간 세상은 어려움을 견디고 참아야 하므로 걱정이 많은 데 비해 저 서방 세상은 모두 태어난 대로 즐기고 살게 되어 있습니다"라고 말했고, 나는 "오늘날 부처를 배우는 이들이 그 마음을 행하지 않고 자취만 행하므로 입으로는 자비를 말하면서도 행동은 장사치처럼 하니 어찌 고해를 뛰어넘어 극락으로 갈 수 있겠습니까?"라고 되물었다. 그러자 대사는 "오늘날 선비라는

이들은 가슴에는 양주楊朱와 묵적墨翟의 마음을 품고 입으로만 주공周公과 공자孔子를 언급하니 자신과 남을 속이는 사람들이 거의 전부인 것 같습니다. 그러면서 과연 하늘이 두렵지 않고 땅이 부끄럽지 않다고 하겠습니까?"라고 반박했고, 내가 "유자로서 도덕을 품고 세상에 숨어 있는 자가 없지 않으나 그 가운데서도 바르고 큰선비를 보려면 실제에서 구해야 합니다"라고 답하였다. 그러자 대사는 웃으며 "그것은 유자만이 아니라 승려도 마찬가지입니다"라고 답했다.[114]

지리산 유람록인 이동항李東沆(1736-1804)의 『방장유록方丈遊錄』에도 유학자와 승려가 나눈 깊이 있는 철학 담론이 나온다.[115] "함양 법희암法喜庵의 도원道原은 사대부들과 이기심성理氣心性에 관한 논변을 잘했다. 그는 이기理氣와 체용體用의 나뉨과 음양陰陽의 오묘함에 대해 정주程朱의 학설과 경전 해석을 근거로 하면서도, 불교의 『화엄경』, 『능엄경』, 『도서』와 『절요』, 『선문염송』 등을 참고하여 그 같고 다름과 나뉨과 합침을 변별하니 참조한 것이 매우 넓고 분석이 명쾌했다. 나는 마음속으로는 불교를 한 단계 아래로 생각해 왔지만, '일찍이 『선가귀감』을 보았는데 매우 밝고 신령스러운 무엇이 나오고, 또 『선문염송』을 읽었는데 부처님이 나오기 전의 세상은 엉켜서 된 한 개의 둥근 모양이었다고 하니 이는 기氣를 가리키는 것인가요 이理를 말하는 것인가요?'라고 물었다. 도원은 '이는 여러 가지로 헤아릴 수 없이 높고 더할 수 없이 깊은 이론인데, 그 입구에도 미치지 못하면서 펼 곳을 논하니 유학자 가운데 근본의 요체에 든 이는 없습니다'라고 말했다."

이어서 "내가 '불교를 공부하는 데는 돈頓과 점漸의 두 가지가 있다는데 그 뜻이 어떻게 다른가요?'라고 물었고, 도원은 '돈오한 뒤에 점수하는 것은 유가에서 명덕明德을 밝혀 성誠으로 실천하는 것과 같고, 점수 뒤에 돈오하는 것은 유가에서 성으로 명덕을 밝힘과 같습니다'라고 대답했다. 또 내가 '불교에는 선과 교의 두 길이 있는데 둘 다 부처에서 나왔으나 교종은 아난阿難으로, 선종은 가섭迦葉으로 전해졌다고 합니다. 나란히 서서 서로 높고 낮음이 없어야 함에도 불교를 배우는 이들은 선을 상승上乘이라 하고 교를 하승下乘이라 하니 이는 무슨 까닭입니까?'라고 질문했다. 도원은 '교학을 하는 이들은 장차 선을 하게 될 것이니 이른바 점수하는 이들이고, 선을 행하는 이들은 이미 깨달아서 이른바 돈오한 이들입니다. 교와 선은 깨달음의 여부에서 높고 낮은 등급이 있는 것입니다. 보조 지눌은 『절요』를 지어서 선과 교를 합하여 마침내 하나가 되게 했지요'라고 응답했다. 그러면서 그는 '율곡 선생의 사단칠정이 모두 기氣에서 나온다는 주장을 옛글에서 찾았으나 읽어 보지 못했습니다. 유학자들은 나오기 전의 상태가 마음을 펴지 않은 것이라 하지만 사단은 이理에서 나오고 칠정은 기에서 나온다고 한 주자의 설과 다르니 잘못이라 생각합니다. 『기신론』을 자세히 읽어 보면 표현은 다르지만 그 뜻이 같음을 비로소 알 수 있습니다'라고 말했다."

당시 유학자들이 중시한 이기심성론과 관련 있는 질의와 응답 내용을 소개했는데, 그 시대의 사상적 과제 및 유교와의 접점을 모색하려는 불교 측의 시도는 계속되었다. 특히 일심을 매개로 하여 불교와 유교, 도교가 근본적으로 같다는 인식이 점차 일반화되었다. 조선 후기에는 천리天理가 사람의 본성에 내재해 있다는 성리학의 '성즉리性卽理'에 대비되는, 중생의 마음 안에 이치가 담겨 있다는 '심즉리心卽理'의 주장도 나왔다. 17세기에 운봉 대지雲峯大智가 쓴 『심성론心性論』은 불교의 심성 이해에 기반하여 마음과 본성의 문제를 다루었다. 대지는 '일심一心=여래장如來藏=불성佛性'을 전제로 하는 '심=성'의 관점에서 진심眞心과 자성自性이 곧 부처이며 법이라는 '진심즉성眞心卽性'의 논리를 폈는데 이는 마음과 본성(이치)이 같다는 주장이다. 그는 당시 불교계에서 '사람들 각각의 법신法身은 결국 하나'라는 일원

론적 주장이 통용되고 있음을 비판하면서, "사람들 각각이 원만하다"라는 다원론적 입장에 섰다.[116]

18세기에는 편양파의 연담 유일과 부휴계의 묵암 최눌默庵最訥(1717-1790) 사이에 심성 논쟁이 벌어졌다. 이들의 논쟁을 담은 『심성론』 3권은 저자인 최눌의 문도들이 불태웠지만 이유는 정확히 알 수 없다. 다만 유일이 쓴 짧은 서문이 전하고 있어 논의의 요점은 겨우 파악할 수 있다. 유일은 "부처와 중생의 마음은 각각 따로 원만하지만 본래는 하나이다"라는 입장을 보였다. 이는 일심이 모든 개체에 다 구현되어 있어서 각각의 마음이 완결성을 가지지만 근원에서는 같다는 뜻이다. 이에 비해 최눌은 "부처와 중생의 마음은 각각 따로 원만하며 원래부터 하나가 아니다"라는 주장을 펼쳤다. 이는 부처와 중생의 마음은 각각의 완결성을 갖추고 있으므로 독립적 주체성을 인정해야 한다는 것이다. 양자의 논의는 이치와 현상이 서로 다르지 않다는 '체용불이體用不二'의 관점에서 보는 성기性起, 현상적 개체의 상대적 관계에 중점을 두는 연기緣起의 입장으로 해석할 수 있다. 또 전자는 화엄의 '일즉다다즉일一卽多多卽一'이라는 이理의 본원적 측면을 강조한 것이고, 후자는 현상적 개체인 사事의 독립성을 중시한 것으로 볼 수 있다.[117]

이러한 불교 측의 심성 논의는 조선 사상계의 주요 과제였던 이기심성론, 특히 그 연장선상에서 18세기를 풍미했던 호락湖洛 논쟁과 몇 가지 공통점을 가진다. 호락은 호서(충청도)와 낙양(서울)을 가리키며, 쉽지 않다는 뜻의 '호락호락하지 않다'는 말이 여기서 나왔다고 할 정도로 난해한 논쟁이었다. 그런데 불교계에서 부처(성인)와 중생(범인)의 마음, 양자의 일원성과 다원성을 두고 논란을 벌인 것은, 호락 논쟁에서 성심聖心과 범심凡心의 같고 다름, 인성人性과 물성物性의 관계를 논한 것과 매우 유사하다. 성리학에서는 천리를 궁극적이고 절대적인 이치로 상정하면서도, 이와 기의 관계성을 둘러싸고 어디에 중점을 두는지에 따라 본연지성本然之性과 기질지성氣質之性으로 나눈다. 이처럼 마음과 본성, 원리와 현상에 대한 철학적 논의는 성리학과 불교 측의 공통 관심사였다.

전통 시대에 성리학을 이학理學, 불교나 양명학을 심학心學으로 분류한 것은, 성리학에서는 본성에 내재된 이의 절대성을 강조하는 반면 불교에서는 마음을 중시하기 때문이다. 유학자들은 불교를 허무주의, 상대주의로 비판해 왔는데, 조선 후기 불교계에서는 일심의 본원성에 주목한 '심즉리'의 구도를 전제로 하여 일원적 절대성과 다원적 상대성을 논한 것이다. 이는 성리학에서 '성즉리'를 전제로 한 본연지성의 절대성과 기질지성의 차별성을 논의한 것에 비견되는 불교식 접근법이었다. 다시 말해 조선 후기의 학승들은 불교의 일심과 유교의 천리가 만나는 접점을 찾고자 했다고 평가할 수 있다.

조선 후기에 유교사회가 본격화되면서 불교계는 시대의 변화에 맞게 다양한 방식으로 대응해 갔다. 억불 시책에 대한 불교 측의 비판과 반박도 있었는데, 17세기 중반 팔도 도총섭을 지낸 백곡 처능白谷處能(1617-1680)이 현종에게 올린 「간폐석교소諫廢釋敎疏」를 우선 들 수 있다. 처능은 중국과 인도의 공간적 차이, 중국의 삼대보다 후대라는 시간적 차이, 인과응보와 윤회설의 허망함, 경제적 해악과 정교의 손상 등 불교에 대한 비판론을 하나하나 들면서 그에 대해 해명했다. 예를 들어 지역과 시대가 달라도 이치는 같고, 출가자는 노동보다 수행에 힘써야 하며, 불법 승려를 처벌하는 것과 불교를 억압하는 것은 다른 차원의 일이라는 점을 지적했다. 또 불교가 선왕선후의 명복을 빌고 승려들이 군역과 공납에 공헌하는 등 국가에 많은 이로움을 주었으므로 이단으로 차별하거나 폐불을 시도하는 것은 부당하다고 주장했다.[118]

상장례 등을 다룬 불교 의례집에도 당시의 시대상이 반영되어 있다. 17세기 중반에는 부휴계 벽암 각성의 『석문상의초釋門喪儀抄』, 각성의 문도 나암 진일懶庵眞一의 『석문가례초釋門家禮抄』, 그리고 청허계 사명파 허백 명조虛白明照가 펴낸 『승가예의문僧

家禮儀文』이 나왔다. 당시는 가례를 비롯한 예학이 성행하고 예송 논쟁이 활발히 펼쳐지던 시기였는데, 불교 상례집이 같은 시기에 집중적으로 등장한 것은 어떤 이유에서였을까? 그 해답을 알아보기 위해 불교 상례집의 간행 주체와 편찬과정, 수록된 내용에 대해 잠깐 살펴보자. 벽암 각성이 1636년 화엄사에서 쓴 『석문상의초』 서문에는 책을 간행한 배경과 이유에 대해 다음과 같이 설명하고 있다.

> 길례吉禮는 가볍지만 흉례凶禮는 매우 중요하다. 비록 우리 종은 적멸寂滅을 낙으로 삼고 있지만 삶과 죽음은 늘 비니毘尼(계율)에 따라 그 원칙에 부합하게 한다. 동국에서 석씨의 상례의는 근거할 바가 없어서 흉례가 각각 다르다. … 나는 매번 이를 마음에 두었는데 근래 자각慈覺대사의 『선원청규禪院淸規』, 응지應之대사의 『오삼집五杉集』, 도성道誠의 『석씨요람釋氏要覽』을 얻어서 읽었다. 그중 가장 귀감을 삼을 만한 것은 상례로서 매우 상세했는데, 다만 중국에서 우러르는 법이 동방의 예와 맞지 않아서 그 요점만 간추려서 상·하편으로 나눈다.[119]

불교 상례를 변화된 현실에 맞게 새로 규정하여 적용할 필요가 있지만, 『선원청규』 등의 중국식 의례가 조선의 실정과 맞지 않으므로 적합한 내용을 발췌하여 책을 펴낸다는 취지이다. 『석문가례초』 발문(1659)에는 바로 이 '동방의 예'와 관련하여, "주문공朱文公(주자)이 펴낸 속례(『주자가례』)를 얻어서 그에 의거해 불교 의례집에 빠져 있는 부분의 요점을 취하였다. 벽암(각성) 화상이 이미 『오삼집』, 『선원청규』 등을 채록해 『석문가례』를 펴내어 후학들에게 상차喪次의 진퇴 곡절을 자세히 알게 하였다"고 밝히고 있다.[120] 이는 당시 시행되던 불교 상례가 조선의 현실에 부합하지 않는다는 문제의식을 이으면서, 조선사회에서 예학의 준거 틀이 된 『주자가례』를 참고해 그 내용을 보완했다는 내용이다.

그런데 17세기에 나온 불교 상례집에서 '동방의 예'와 세속의 예에서 가져와서 보완한 내용은 무엇일까? 그것은 바로 부계 종법 친족관계망의 기본 지침인 오복제五服制의 수용이었다. 오복제는 친족의 상을 당했을 때 멀고 가까운 관계에 따라 상복을 입는 기간을 다르게 정한 것으로, 오복친五服親은 오복제에 의해 상복의 형태와 상례의 지속 기간을 규정한 친족조직이다. 상복의 종류는 참최斬衰(3년), 자최齊衰(1년), 대공大功(9개월), 소공小功(5개월), 시마緦麻(3개월)로 나뉘며, 이 다섯 복제가 적용되는 범위가 상복을 입어야 하는 유복친有服親이다.[121] 조선 전기까지는 부계와 모계를 동등하게 취급하는 '양측적 친속관계'였지만, 17세기를 전후로 부계 혈연 중심의 친족관계로 완전히 바뀌었다. 이러한 상황에서 부계 종법에 입각한 친족제도와 관념을 적용한 가례서가 많이 나왔고 예학에 관한 논의가 활발히 일어났다. 당시 예제와 예학의 가장 중요한 근거가 된 것이 『주자가례』였고, 불교 상례집에도 이러한 변화된 시대상이 반영된 것이다.[122]

『석문상의초』와 『석문가례초』에는 각각 「승오복도僧五服圖」와 「승속오복도僧俗五服圖」가 처음에 나오고, 『석문가례초』에는 세속 친족의 오복제 적용 기준표인 「본종오복지도本宗五服之圖」, 친족 간의 거리를 계량화한 촌수를 오복제에 반영한 「본종오복촌수도本宗五服寸數圖」가 들어 있다. 『승가예의문』에도 오복 중 시마를 제외한 4복으로 상복의 기준을 정한 「승상복도僧喪服圖」가 실렸다. 이들 불교 상례집의 오복도, 상복도 등의 내용에서 특이한 것은 세속 족친과 문파 내의 사제를 함께 대상에 넣었다는 것이다. 망자에 대한 천도와 제사 의무, 상속의 권리 등 제반 사항을 고려해 볼 때, 승단의 사제와 속가 친족의 관계망을 동시에 고려해 넣은 점은 주목할 만하다.

이 중 속가는 당시 사회에서 통용되던 친족관계 및 촌수가 그대로 적용되었고, 승가는 가장 가까운 부모(1촌)에 해당하는 스승을 양육사養育師 또는 득도사得度師, 수계사授戒師, 수업사受業師로 구분하여 가장 긴 삼년상으로 정했다. 그리고 갈마사羯磨師와 교수사敎授師도 조부모(2촌)와 같은 주년(1년)에 배정했다. 다만 『석문상의초』와 『석문가례초』에는 양육사, 수계사, 전법사가 모두 삼년상의 가장 높은 위상을 가졌고, 전자는 수학사授學師까지도 포함된 것에 비해 『승가예의문』에는 (수)계사만 삼년상의 대상으로 하고 수업사는 1주년으로 했다. 조선 전기 이래 전통적인 득도사(수계사) 위주의 사승 관계와 함께 새로 부각된 전법사 중심의 법맥 인식이 혼재된 모습을 볼 수 있다. 이처럼 17세기 이후에는 법의 전수자인 전법사가 득도사(수계사)와 동등한 위상을 갖게 되었고 갈수록 더 큰 권위를 갖게 되었다.

17세기 전반에 임제태고법통臨濟太古法統이 정립된 이래 18세기 『해동불조원류海東佛祖源流』, 19세기 『동사열전東師列傳』에서 볼 수 있듯이 법통에서 연원한 전법사의 법맥 계보가 사승 관계의 가장 중요한 기준이 되었다. 이처럼 17세기에 법맥을 매개로 한 문파와 법통이 형성되고 불교 상례집에 법맥 계보 중심의 오복제가 수용됨으로써 전법 위주의 사제 관계 정립과 그 계승이 관례가 되었다. 임진왜란 때의 의승군 활동으로 조직화된 불교계는 계파와 문파의 형성으로 사제와 동문 간의 결속이 강화되었다. 그러면서 전답의 상속과 제사 등 권리와 의무에 관한 기준과 준거 틀의 정립이 요구되었다. 이러한 시대적 추세를 반영하여 불교 의례집에는 사제 사이의 인적 관계망을 오복제와 촌수 같은 세속의 기준에 맞추어 설정한 내용이 들어가게 된 것이다.[123]

불교계가 시대적 영향을 받으며 공존을 추구해 갔음은 많은 사례를 통해 볼 수 있는데, 유학자와 같은 시대정신을 공유하는 모습도 볼 수 있다. 18세기의 교학 종장 연담 유일은 조선의 지식인들이 중시하던 대의명분과 중화 정통주의를 내세웠고, 그렇기에 그는 유학자들로부터 '충의의 대장부', '겉은 승려이지만 속은 유학자'라는 평을 들었다. 그는 더 나아가 당시 유학자들의 불교 인식에 문제가 많음을 지적하며 비판했다. 유일은 당·송 이후 중국의 이름난 유학자들이 불교를 깊이 이해하여 유교와 불교가 근본에서 일치함을 알았고 승려들과도 이치와 심성에 관해 논의했음을 언급했다. 성리학의 체계를 세운 주희도 선승의 영향으로 심법의 요체를 깨달았고 불교에서 배운 바가 적지 않았다고 보았다. 이에 비해 조선의 유학자들은 진리를 추구하지 않고 과거 시험 공부에만 치중하여 실천궁행의 공부가 부족하며, 허무하다는 이유로 불교에 대해 비판만을 일삼는다고 지적했다.

한편 19세기가 되면 청에서 들어온 고증학考證學 및 서양 학문의 영향이 점차 커지는 한편, 유교와 불교가 조선적 전통으로서 새로운 가치와 지향을 함께 모색하는 방향으로 나아갔다. 이러한 분위기에서 조선의 사상 전통에 대한 종합적 정리와 해석이 시도되었고, 이규경李圭景의 『오주연문장전산고五洲衍文長箋散稿』를 비롯해 방대한 주석과 설명이 들어간 백과전서식 책들이 나왔는데 여기에는 불교의 역사와 교리에 관한 내용도 포함되었다. 또한 호남지역에서는 유배 온 유명 유학자와 인근 사찰의 학승들이 교류하면서 학술과 문예의 꽃을 피우기도 했다. 강진에 와서 다산초당을 짓고 18년간 머물렀던 정약용(1762-1836)은 아암 혜장兒庵惠藏, 초의 의순草衣意恂 등 뛰어난 승려들과 친분을 쌓았고 『주역周易』 등을 가르쳤다. 정약용은 『대둔사지大芚寺志』와 같은 사지寺誌 편찬에 고증학적 방식을 적용하게 했고 불교사서인 『대동선교고大東禪敎攷』를 직접 저술했다.

한편 청나라에 가서 최신 사조와 학풍을 전수해 온 추사秋史 김정희金正喜(1786-1856)는 불교 경전과 교리에 해박했다. 그는 대둔사의 초의 의순(1786-1866)과 오랜 교분을 나누었는데, 동년배인 두 사람은 시와 서, 차와 예술을 함께 나눈 평생의 지기였다. 김정희가 보낸 38통의 편지에는 차를 빨리 보내 달라고 닦달하는 내용도 있고 불교 교리에 대한 질의와 고증학적 설명도

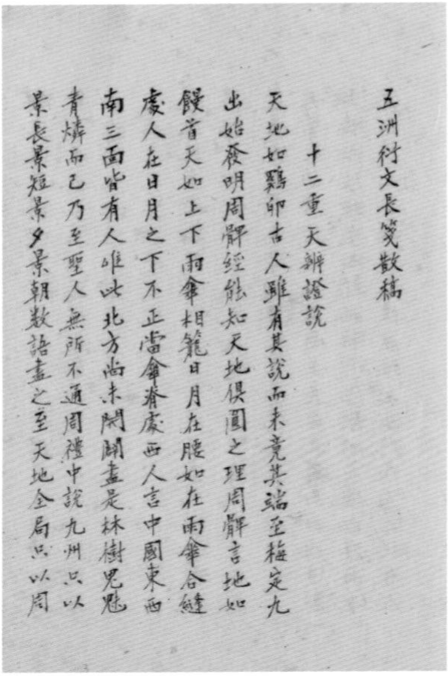
五洲衍文長箋散稿
十二重天辨證說
天地如鷄卵古人雖有其說而未竟其端至梅定九
出始發明周髀經能知天地俱圓之理周髀言地如
饅首天如上下雨傘相籠日月在腰如在雨傘合縫
處人在日月之下不正當傘脊處西人言中國東西
南三面皆有人唯此北方尚未開闢盡是林樹兇魅
青燐而已乃至聖人無所不通周禮中說九州只以
景長景短景夕景朝數語盡之至天地全局只以周

그림 18 『오주연문장전산고』, 서울대학교 규장각한국학연구원 소장

있다. 의순은 김정희의 제문을 쓰면서 40여 년의 '금란지교金蘭之交'를 떠올리며 서로 마음을 터놓고 도를 논했음을 회고했다. 한편 김정희는 백파 긍선白坡亘璇(1767-1852)과 서신을 주고받으며 선 논쟁에도 직접 참여했는데 그는 수행보다는 교학 공부의 중요성을 강조했다. 긍선은 선 수행을 확산시키기 위해 노력했으며, 그의 『수선결사문修禪結社文』에는 기정진奇正鎭 같은 당대의 유명한 학자가 서문을 써 주기도 했다.[124]

5

산사에서의 신앙과 승려의 일상

조선시대에 불교는 업業과 인과응보의 윤회輪廻 관념을 매개로 하여 내세로 가는 문을 활짝 열어 두었다. 바로 이 때문에 숭유억불로 상징되는 이 시대에 불교가 강한 생명력을 가지고 모든 계층에서 큰 영향력을 가질 수 있었다. 불교의 내세 신앙은 시왕十王 신앙과 지장地藏 신앙이 있었고, 극락정토로 가길 바라는 염불 신앙도 내세로 안내하는 중요한 이정표를 제시했다. 불교의 재회는 영혼의 천도 등 특정한 의례를 행하기 위한 모임, 승려들에게 음식을 공양하여 공덕을 쌓는 재승齋僧의 의미를 함께 갖는다. 사후에 명부冥府의 시왕에게 현생의 죄업을 심판받기 때문에 그에 대한 선처를 부탁하는 의미에서 천도재薦度齋가 행해졌다. 또한 부모의 명복을 비는 사십구재四十九齋가 계층을

가리지 않고 중시되었다.

승려의 일상생활 공간인 산사에서는 다양한 불교 신앙 행위가 이루어졌다. 조선시대의 불교 신앙은 크게 나누면 현세의 안녕과 내세의 명복을 기원하는 것이었다. 현세의 이익을 바라는 관음觀音 신앙이나 진언眞言 다라니陀羅尼를 외며 부모의 명복을 비는 밀교 신앙이 오랜 생명력을 가지고 있었다. 이와 함께 내세로 향하는 지장 및 시왕 신앙, 극락정토로의 왕생을 기원하는 염불 신앙이 중심이 되었는데, 그런 까닭에 웬만한 절에는 명부전冥府殿이나 시왕전, 지장전이 갖추어지게 되었다.

조선시대의 대표적 불교 재회로는 수륙재水陸齋와 우란분재盂蘭盆齋를 꼽을 수 있다. 수륙재는 땅과 물의 모든 중생과 혼령들의 고통을 구제하고 사후의 복을 비는 재회이다. 수륙재는 주로 왕실의 후원으로 큰 규모로 설행되었으며 조선 초에는 국가에서 공식적으로 지원하는 유일한 불교 의례이자 국상제國喪祭이기도 했다.[125] 7월 15일 백중百中 때 행하는 우란분재는 『우란분경盂蘭盆經』에 근거해 죽은 이의 영혼을 천도하는 의식이다. 원래는 수행의 공덕을 쌓은 승려를 공양하는 법회였는데, 중국에서 지옥에 떨어진 모친을 구하려 한 『우란분경』의 목련존자 이야기를 부각해 효의 측면이 강조되면서 부모와 조상의 명복을 빌고 왕생을 기원하는 재회로 바뀌었다.[126]

그림 19 〈미타사 감로도〉, 국가유산청 국가유산포털에서 전재

조선 전기와 후기로 나누어 시기별로 불교 신앙의 전개 양상을 살펴보자. 조선은 건국 이후 법제와 정책, 국가 의례 등 공식적 영역에서 유교 국가로서의 성격을 강화해 나갔고 불교는 점차 주류 질서에서 배제되었다. 그렇지만 조선 전기만 해도 왕실부터 서민까지 전통적인 불교식 제의와 의례에 크게 기대고 있었다. 개국 후부터 죽은 뒤에 화장하는 것이 금지되고 유교식 상·제례가 권장되었지만 일반화되지는 못했다. 성현成俔(1439-1504)은 "신라와 고려에서는 불교를 숭상하여 장례 때 오직 부처를 공양하는 것이 상규였다. 지금도 그 풍습이 남아서 공경公卿과 유사儒士의 집에서도 빈당殯堂에 승려를 불러 경전을 설하는

법석을 예사로 연다. 산사에서 사십구재를 할 때 돈 있는 집은 다투어 사치스럽게 꾸미고 가난한 자들도 이를 좇아 억지로 마련하려 하니 거기에 드는 비용이 매우 크다. 기일에도 승려를 불러서 먼저 공양하고 나서 혼을 부르고 제사를 올린다"라고 하여,[127] 불교식 상장례가 여전히 확고한 기반을 가졌으며 양반 사대부층도 예외가 아니었음을 볼 수 있다.

왕실의 불교 신앙과 후원은 조선 초부터 말까지 500년 동안 지속되었다. 국왕들도 태종과 연산군 정도를 제외하면 왕실과 유학자 관료 사이에서 불교 문제를 둘러싼 일종의 중재자 역할을 했다. 선왕이나 왕실과 관련된 능침사陵寢寺와 원당願堂 사찰 등에는 큰 특혜와 지원이 내려졌다. 이는 불교가 국왕의 장수와 왕실의 안녕을 기원하고 역대 국왕과 왕비 등의 명복을 빌고 추숭하는 역할을 했던 것과 관련이 있다. 흥미로운 것은 왕실의 제사에서 고기를 올리지 않는 것이 숭불 행위인지 전통적 관행인지를 따지며 왕실과 관료 사이에서 논란이 일었을 정도였다.[128]

조선 전기의 산사에서는 사월 초파일 연등회燃燈會와 우란분재 등이 연례 행사로 열렸다. 성현의 『용재총화慵齋叢話』에는 "4월 8일의 연등회와 7월 15일의 우란분재, 12월 8일의 관불灌佛 때는 다과와 떡 같은 것을 다투어 시주하여 부처에게 공양하고 승려를 대접했다. 이때 승려들은 범패를 부르고 곱게 차려입은 부녀자들은 산골짜기로 모여들었다"라고 했다.[129] 또 우란분재에 대해서는 "승가에서 100가지 꽃 열매를 모아 우란분회를 설했는데 부녀자들이 많이 모여들어 미곡을 바치고 돌아가신 부모의 영혼을 불러서 제사한다"라고 당시의 실상을 묘사하고 있다. 1445년(세종 27) 7월 14일 『세종실록』의 기사에서도 "나라 풍속이 7월 15일에는 절에 가서 죽은 이의 혼을 불러 제사한다"고 기술했다.

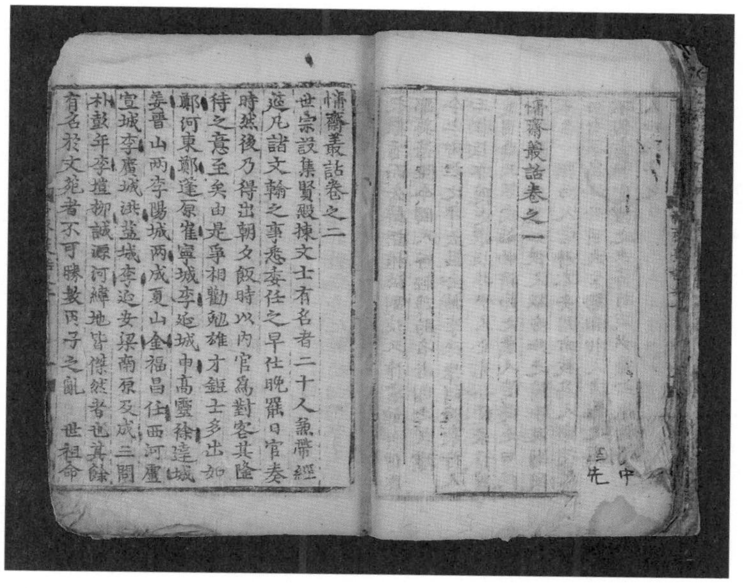

慵齋叢話卷之二
世宗設集賢殿揀文士有名者二十人兼帶經
筵凡諸文翰之事悉委任之早仕晩罷日官奏
時然後乃得出朝夕飯時以內官爲對客其隆
待之意至矣由是爭相勸勉雄才鉅士多出如
鄭河東鄭蓬原崔寧城李延城申高靈徐達城
姜晉山兩李陽城兩成夏山金福昌任西河盧
宣城李廣城洪益城李延安梁南原及成三問
朴彭年李塏柳誠源河緯地皆傑然者也其餘
有名於文苑者不可勝數丙子之亂 世祖命

慵齋叢話卷之一

그림 20 『용재총화』, 국립중앙박물관 소장

조선 후기에도 초파일과 우란분재는 민간에서 계속 성행했다. 17세기에 이식李植은 일본인에게 조선의 풍속을 설명하면서, "4월 8일은 부처가 탄생한 날이라서 예로부터 선가禪家에서 연등을 하고 재를 올렸다. 고려에서 불교를 숭상했기 때문에 그대로 세속 절기가 되어서 관등觀燈놀이를 했는데 지금도 그 풍속이 남아 있다. 7월 15일에는 우란분재가 열리는데 승가에서 모두 이날 재를 드려 조상의 혼백을 위로하는데 민간의 백성들은 이를 많이 따른다"[130]라고 했다. 이능화李能和의 『조선불교통사朝鮮佛教通史』(1918)에서도 "이러한 풍속은 지금까지 이어져 7월 15일 서울에서는 부녀들이 사찰로 나가서 영패를 설치한다. 이날 향을 피우고 공양하여 부모의 제사를 지내는데 마친 후 영패를 태울 때 슬피 우는 이들이 많다"라고 하여[131] 근대기까지 우란분재가 이어져 온 모습을 볼 수 있다.

조선 후기에 유교사회가 본격화되었다고 하는 것은 삶의 일상의 문제에서 유교가 힘을 얻게 되었음을 의미한다. 나아가 유교식 사후 관념과 제의가 점차 일반 대중에까지 파급력을 가지게 되었다. 그럼에도 내세의 영역에서 불교가 가진 오랜 기득권이 하루 사이에 갑자기 사라지고 유교가 전면적 승리를 거두었다고 보기는 어렵다. 김만중金萬重(1637-1692)은 『서포만필西浦漫筆』에서 "사람이 죽으면 뼈와 살이 썩고 부패하여 신이한 기운은 사라져 버려 산 사람과는 날마다 멀어지고 날마다 잊혀 간다. 그러므로 제사의 예를 마련해 이미 굽은 것을 때에 맞춰 펴 주고 자손의 정성으로 제사 받드는 일을 하게 한 것은 선왕의 가르침이다. 정성을 배로 삼고 부처에게 나루를 물어 캄캄하게 막힌 곳에서 말끔히 올라가 하늘나라의 즐거움을 길이 누리게 함은 불가의 가르침이다"라고 하여,[132] 유교와 불교의 내세관을 대비시켰다.

당시 사람들의 대다수는 이전부터 알고 있던 업과 윤회로 상징되는 불교 내세관을 한순간에 부정하지는 않았다. 오히려 기와 혼백魂魄이 흩어진다는 것 외에 죽음 이후의 세계를 자세히 설명해 주지 않는 유교로는 채울 수 없는 종교적 염원과 사후 세계에 대한 불안감을 불교를 통해 해소하고자 했다. 그렇기에 망자의 명복을 빌거나 정토로의 왕생을 꿈꾸는 이들은 여전히 적지 않았고 불교는 내세로의 길을 안내하는 훌륭한 길잡이 역할을 할 수 있었다.

조선 후기에 불교의 내세 신앙으로 큰 인기를 끈 것은 내세의 구원자인 지장보살과 사후의 명부를 관장하는 시왕이었다. 내세 신앙은 많은 수요가 있었고 그렇기에 시왕전이나 지장전, 시왕과 지장을 함께 모신 명부전이 대부분의 사찰 경내에 세워졌다. 지장 신앙은 사후에 가는 여섯 가지 길인 6도 윤회의 대상지가 결정될 때 더 나은 곳으로 가게 해 주고, 지옥에서 고통받는 중생을 구제해 주는 지장보살을 믿는 것이다. 지옥의 본질은 자업자득과 인과응보의 원리에 따라 죄를 심판하는 곳이었고, 대신 죄의 과보가 끝나면 다시 벗어날 수 있었다. 그런데 지장보살에게 참회하고 빌면 더 빠르게 이 과정을 통과하는 특급 통행권을 얻을 수 있었던 것이다.

시왕은 저승의 명부에서 죽은 자가 생전에 지었던 죄를 판결하여 심판하는 존재이다. 염라대왕 등 열 명의 왕으로 구성된 시왕은 살아생전에 행한 업의 과보를 대상으로 사후에 판결을 내렸다. 사람이 죽으면 그날부터 49일째까지 7일마다 일곱 번, 일곱 명의 시왕에 의해 생전의 선행과 악행, 죄의 가볍고 무거움을 판정받는다. 그리고 사후 100일·1년·3년째에도 나머지 세 시왕의 심판이 이루어진다. 지옥행에 대한 두려움을 없애고 그곳으로 가지 않기 위해 명부전이나 시왕전에 모셔진 시왕에게 간절히 호소해야 했다. 특히 사후 7일마다 한 번씩 모두 일곱 번, 부모를 비롯한 망자의 명복을 비는 사십구재는 이 시왕 신앙과 연동하여 가장 널리 행해진 재회이다.

조선 후기에는 서방 극락정토로의 왕생을 기원하는 염불 신앙이 크게 유행했다. 극락정토는 현세와 내세가 쳇바퀴처럼 이어지는 사바세계와는 다른 공간에 있는 별도의 세계이며 여섯 가지 윤회의 길에서 벗어난 부처의 나라이다. 모든 중생을 구제하리라고 약속한 아미타불의 원력에 의해, 자신의 잘못을 참회하고 '나무아미타불'을 외며 왕생을 빌면 누구나 갈 수 있었다. 산사에서도 승려와 신도가 함께 참여하는 신앙공동체로서 염불계나 염불회가 조직되었고 재원 마련의 중요한 수단이 되었다. 19세기에는 전국에서 만일염불회가 결성되는 등 염불 신앙의 대중적 확산이 이루어졌다. 이처럼 조선 후기에 불교는 내세와 정토라는 무기를 앞세워 종교적 지분과 기득권을 잃지 않았다. 더욱이 선행을 강조하고 핵심적 윤리 덕목인 효를 내세까지 이어서 실천함으로써 불교는 유교사회에서 나름의 지분을 가질 수 있었다.

이러한 불교 신앙의 확산 추세를 반영하듯 각종 불교 의례집이 빈번히 간행되었다. 대표적인 것으로는 물과 뭍의 영혼을 달래는 재회인 수륙재 계통 의례집으로 『천지명양수륙재의찬요天地冥陽水陸齋儀纂要』, 『천지명양수륙재의 범음산보집梵音刪補集』, 『수륙무차평등재의촬요水陸無遮平等齋儀撮要』를 들 수 있다. 여기서 '천지'는 우주, '명양'은 저승과 이승인 명계冥界와 양계陽界를 말하며, '범음'은 불보살의 청정한 목소리나 독경, 염불 소리를 가리킨다. 대개의 의례집에는 다양한 의식의 작법 절차가 수록되었는데 죽은 이의 영가靈駕와 시왕, 영산재靈山齋와 예수재預修

齋, 그리고 용왕龍王과 성황城隍 등 민간신앙까지 포함하여 담고 있다.[133] 또한 『오대진언집五大眞言集』 같은 진언·다라니집도 전하는데, 이는 밀교 신앙과 관련된 주술呪術 의례가 수록된 것으로 범자梵字 진언에 한글과 한자로 발음을 붙여서 쉽게 독송할 수 있게 했다. 밀교 신앙은 원래 현세에서의 이익 추구와 즉신성불卽身成佛을 염원하는 성격이 강하지만 조선 후기의 진언집 및 다라니집 간행은 대부분 돌아가신 부모의 추복을 위해 시주하여 이루어졌고 이는 내세 신앙의 한 유형으로 볼 수 있다.

조선 후기에는 내세와 정토 외에도 불교와 민간신앙 사이의 습합習合을 통한 종교 지형의 확대가 일어났다. 불교는 민간신앙과의 만남을 통해 새로운 종교적 수요를 창출하고 그 저변을 더 넓힐 수 있었다. 19세기가 되면 칠성七星을 모시는 칠성각, 산신山神을 받드는 산신각, 나반존자那畔尊者의 독성각獨聖閣, 이를 한데 모아 놓은 삼성각三聖閣이 규모 있는 사찰 경내에 세워졌다. 오랜 역사를 지닌 전통적 신앙인 명산 신앙과 도교 신앙에서 유래한 칠성 신앙 등이 불교와 만나면서 융합적 불교화가 이루어진 것이다. 이러한 습합의 양상은 칠성각, 산신각과 같은 공간 외에도 불교 의례집의 청문請文과 의식문, 불화의 도상 안에서도 확인된다. 조선 후기 불화 가운데 칠성탱이 정토의 미타탱, 내세의 지장탱과 함께 가장 큰 비중을 차지하는 것이 이를

그림 21 〈봉은사 칠성도〉, 국가유산청 국가유산포털에서 전재

반영한다. 산신 신앙은 재앙을 없애고 복을 빌며 부모의 내세 명복을 기원하는 것이었고 칠성도 '길흉화복'을 주관하는 신격으로 자리를 잡았는데 효과를 바로 볼 수 있다고 하여 큰 인기를 끌었다.[134]

민간신앙의 불교화와 공존, 사찰 공간 내로의 안착은 조선 후기 산사의 다채로운 모습 중 하나였고 산사는 복합적 종교 거점으로 거듭날 수 있었다.[135] 그런데 이러한 양상은 유교사회로 접어든 당시의 시대상에서 필연적 결과였을지도 모른다. 주류 질서에 밀려 타자화된 민간신앙은 종교적 행위 공간을 확보하고 있던 불교에 기댈 수밖에 없었고, 불교 측에서도 새로운 신

앙 수요를 창출하고 저변을 넓힐 수 있는 유력한 방안을 마다할 이유가 없었다. 그 결과 누구나 절에 가면 어떤 소원도 이룰 수 있다는 희망을 품을 수 있었다.

조선 후기에 불교 신앙이 국왕과 왕실, 세도가부터 일반 백성에게 어떻게 받아들여졌는지 시기순으로 몇 가지 사례를 들어 본다. 17세기 전반은 임진왜란과 병자호란의 양란으로 민심이 동요하고 국왕의 권위가 땅에 떨어진 시기였고, 현세와 내세의 복락을 비는 불교 신앙의 가치가 이전보다 더 주목되었다. 전쟁으로 죽은 이들을 매장하고 신원을 알 수 없는 무주고혼無主孤魂의 영혼을 위로하는 천도재를 승도가 지냈고, 전쟁 이후 서울 인근에서 성대한 불교 재회가 열리고 재가 신도들의 거사居士 불교가 유행했다. 1606년에는 거사들이 도로를 수리한 뒤에 서울 창의문 밖에서 수륙대회가 열렸는데 이때 시장이 철시되고 사족의 부녀까지 길에 가득 찼다고 한다. 당시 남자는 거사, 여자는 사당社堂이라 부르며 승복을 걸치는 풍조가 생겨났고 사대부까지도 승려를 접대하고 부처를 공양하며 재회를 베풀었다는 기록이 전한다.[136]

큰 사찰의 본전에는 국왕과 왕비, 왕세자를 위한 '주상전하수만세主上殿下壽萬歲 왕비전하수제년王妃殿下壽齊年 세자저하수천추世子邸下壽千秋'와 같은 원패願牌가 두어져 왕실의 장수 및 안녕,

국가의 번영을 기원했다. 왕실도 사찰에서 각종 불사를 행했고 불교에 대한 후원을 지속했으며 국왕들도 이름난 고승에게 호의를 보여 주거나 사찰에 글과 현판을 하사했다. 임진왜란 때 의승군의 활약을 지켜본 광해군은 병에 걸린 사명 유정에게 약을 보냈고 부휴 선수에게는 불교의 가르침을 묻고 시호를 하사하기도 했다. 또 효종은 봉림대군 시절에 부휴 선수의 제자이자 남한산성 팔도 도총섭을 지낸 벽암 각성에게 화엄의 요체를 물었다. 이어 현종은 두 공주를 잃은 뒤에 원찰을 짓고 불교식 추천 의례를 행했고, 숙종도 태조와 관련이 깊은 함경도 석왕사釋王寺에 친필을 써 주었을 뿐 아니라 화엄사 각황전이 중창되자 '선교양종 대가람'의 편액을 내렸다.

정시한의 『산중일기』를 통해 17세기 후반 유학자의 눈에 비친 산사 승려들의 모습을 떠올려 보자. 1688년 5월 29일 정시한은 팔공산 은해사銀海寺를 거쳐 운부사雲浮寺에 갔다. 그는 꿀물과 곶감, 그리고 저녁을 대접받았는데, 절에 있는 학도는 100여 명에 달했다고 한다. 다음 날 아침에 종장인 부휴계의 모운 진언暮雲震言(1622-1703)이 법당에서 경전을 강의하는 것을 보았는데 바라가 울리고 학도들이 모이자 진언이 나와서 책상에 기대앉아 먼저 『치문경훈』과 『서장』을 강의하고 다음으로 『원각경』과 『화엄경』을 강론했다. 이력과정 교재에 대한 강의를 마치자 모두 일어나 절을 했는데 나가고 물러나는 장면이 볼 만했다고 한다. 6월 2일에는 팔공산의 명당인 동화사에 갔는데 그곳의 승려들과 삼존상이 있는 금당을 감상하고 좌우 석탑과 금당 뒤쪽의 전각을 둘러보았다. 정시한은 이곳에서 식사는 물론이고 약으로 겨자 한 되, 종이를 얻었는데,[137] 당시 유학자들이 산사에 유람 갔을 때 정성을 다해 그들을 대접하는 분위기를 여기서도 볼 수 있다.

18세기는 조선 문화의 르네상스 시기로서 많은 사찰이 중수되고 다수의 불상과 불화가 만들어졌다. 왕권 강화와 효의 실천을 위해 불교를 활용했던 정조는 용주사龍珠寺 창건 때에 "부모의 은혜에 보답하기 위해 복전福田을 짓고 공양한다"는 글을 지었다. 또 『부모은중경父母恩重經』을 간행하여 전국 관청과 사찰에 배부했는데 왕생 후 극락의 안락함을 묘사한 그림을 추가했다. 정조는 100일 기도 끝에 왕자를 낳자 석왕사, 선암사에 감사 글과 토지를 하사했고, "불교는 유불도 3교 가운데 가장 늦게 나온 것이지만 그 영험함은 매우 두드러진다. 유학자들은 이를 믿지 않으나 간혹 믿지 않을 수 없다"라며 기쁜 마음을 드러냈다. 부모와 자녀의 복을 기원하는 방식으로 국왕의 종교적 심성이 불교를 통해 발현되었음을 볼 수 있다.

18세기 후반에는 천주교가 자생적으로 교세를 넓히기 시작

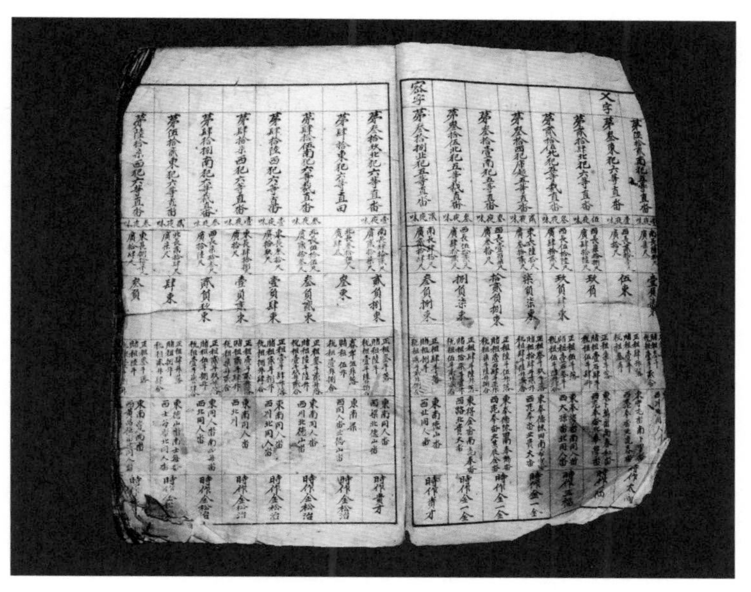

그림 22 『용주사 전답 양안』, 국가유산청 국가유산포털에서 전재

했는데, 이는 천당이나 지옥 같은 불교의 내세 관념이 이미 확고히 정착되어 있었기에 가능한 일이었다. 당시 유학자들은 내세관이 비슷하다고 하여 천주교가 불교의 별파라고 보기도 했다. 원래 천주교의 도전은 내세의 길목을 장악하고 있던 불교에게 큰 위협이 될 수 있었다. 하지만 천주교는 충과 효 같은 유교사회의 핵심 윤리를 저버렸다는 이유로 조선 정부의 탄압을 받게 되었다. 그에 비해 불교는 효의 실천을 현세에서 내세까

지 연장했고, 국왕의 장수와 안녕, 나라의 평안과 번영을 기원해 왔다. 이처럼 '전통의 안'에 있던 불교는 천주교와의 경쟁에서 자연스럽게 승리를 거둘 수 있었다.[138] 그리고 19세기 말에 서구 근대문명의 물결이 노도와 같이 몰아치기 전까지는 내세로 가는 이정표를 불교가 거의 독차지하면서 조선인들의 종교적 심성을 달래 주었다.

19세기에는 세도정치가 전개되면서 각지에서 민란이 발생하고 정치·사회적 혼란이 커졌으며, 각 지역의 사찰에는 양반 토호의 사적인 침탈도 가중되었다. 반대로 왕실이 후원하는 불사와 법회, 불서 간행은 이어졌고 왕실의 원당 사찰에는 잡역 면제 등의 특혜가 주어졌다. 내우외환의 시기에 왕실은 나라의 안녕과 번영을 기원하는 법회를 종종 열었고 국왕과 왕실의 원당이 여러 곳에 세워졌다. 세도가나 정부 고관의 불교 후원 사례도 많이 확인되는데, 대표적 세도가인 안동 김씨의 경우는 여주 신륵사神勒寺에서 불사를 크게 일으켰다. 이처럼 19세기에는 국왕과 왕실부터 서민까지 종교적 기원에 힘입어 현실의 어려움을 이겨 내야만 했다. 불교와 같은 전통 종교는 물론 동학을 비롯한 신흥 민족종교가 다수 생겨났고, 또 정부의 탄압을 이겨낸 천주교와 새로 들어온 개신교도 19세기 말부터 종교의 각축전에 뛰어들면서, 불교는 전통과 근대 사이에서 오가며 새로운 활로를 찾아야 했다.

산사는 불교 신앙의 거점이기도 하지만 승려들이 일상생활을 영위하는 공간이었다. 승려의 생활을 구체적이고 생동감 있게 보여 주는 기록은 찾기 쉽지 않지만, 몇몇 단편적 자료를 통해 일상의 장면들을 추적해 본다. 조선 전기의 문헌에는 승려들이 했다는 성불도成佛圖 놀이가 나오는데, 놀이판에는 지옥부터 부처의 깨달음까지 수십여 곳의 천天과 세계가 있고 각 면에 '나무아미타불南無阿彌陀佛'의 6자가 쓰인 주사위를 던져서 자리를 이동해 승부를 정했다고 한다.[139] 또 조선 중기 경상도의 문인 김령金坽이 쓴 일기를 보면 "절의 승려들이 법회를 열었는데 여러 가지 의식용으로 만든 꽃잎과 의장儀仗 기물들이 정교하지 않음이 없다. 횃불처럼 생긴 높이 10자쯤의 음식 넣는 고배高排를 수십 개 만들었는데, 그 속에는 유밀과油蜜果를 쌓아 두고 각종 과일과 콩을 실로 꿰어 붙여서 장식하고 범자梵字로 써 놓았으니, 이와 같은 것들을 일일이 다 셀 수 없었다"라고 하여 산사에서 열린 법회의 구체적 모습을 잘 보여 주고 있다.[140]

앞서 소개한 17세기의 불교 상례집 가운데 『석문상의초』에는 다비茶毘, 장례법, 조문 등의 절차가 기록되어 있는데, 『열반경涅槃經』의 비유를 들어 "망자에 대한 곡을 할 때 크게 소리 내지 말고 작은 소리로 흐느껴 울어야 한다"라고 기술되어 있다.

또 승려의 제사를 지낼 때는 세속과 다르게 음식, 향, 꽃 등을 공양해야 한다는 내용이 나오고, 스승과 부모의 제사 제물과 방식도 적고 있다.[141] 여기에 나오는 양육사와 수계사, 전법사 등의 명칭은 승려 수계의식의 필수 조건인 3사師 7증證과 관련된 것이다. 앞서 청허 휴정은 1540년에 수계사 일선一禪, 증계사證戒師 석희釋熙·육공六空·각원覺圓, 양육사 숭인崇仁, 전법사 영관靈觀을 모시고 계를 받았는데, 수계와 관련된 전통이 조선 후기까지 그대로 이어진 것이다.[142]

18세기 연담 유일이 쓴 삭발 수계식 관련 글에서는 "이번에 발심한 동자 34인은 세간의 번뇌를 싫어하고 불가의 무위無爲를 사모하기에, 부모의 은혜와 사랑을 끊어 버리고 부처님 법의 청량한 곳으로 몸을 던졌습니다. 다행히 불교를 금지하지 않는 국왕의 정책에 힘입고 부모의 허락을 받아서, 오늘 부처님께서 도를 이룩하신 날 밤에 특별히 계단을 설치하고 작법 의식인 갈마羯磨를 행하여 승려가 되고자 합니다. 바라건대 부처님의 지혜와 명을 이어서 스스로 제도하고 다른 사람을 구제하게 하소서. 반드시 종사의 가르침에 의지해야 하므로 삼업三業을 청정하게 하고 여섯 대사를 청하였으니, 동자들의 정수리에 남은 머리 꽁지를 끊어서 삭발하고 반듯하게 가사를 입으니 모습이 갑자기 변했고 계품戒品이 갖추어져 원만하게 되었습니다. 이제 의식을 마쳤으니 오늘 머리 깎은 사미승들은 불문의 좋은 보배가 되고 모든 중생과 함께 원만한 지혜를 심게 하소서"라고 하여 절차를 갖추어서 출가 및 수계의식이 이루어졌음을 볼 수 있다.[143]

19세기 사찰에서의 승려의 일상은 『승가일용식시묵언작법僧家日用食時默言作法』이라는 의식집에서 그 단면을 엿볼 수 있다. 이 책에는 사찰에서 이루어진 갖가지 의식과 행사의 절차와 목적, 생활과 문화의 구체적 양상이 담겨 있는데, 여러 주문과 염송뿐만 아니라 도안과 부적까지 들어 있어 흥미롭다. '묵언작법默言作法', '비구수식법比丘受食法', '모송절차暮誦節次', '예불절차禮佛節次'처럼 식사와 예불 등 사찰의 일상 및 행사 절차를 다룬 것, '백장청규百丈淸規', '간당규看堂規'와 같이 각종 의식의 규범을 요약한 것 등으로 구성되어 있다. 이 밖에도 '식당중오전론食堂中誤傳論'에서는 잘못 전해진 내용을 바로잡았고, '행선축원行禪祝願' 등은 각종 축원문을 수록했다. 또 '식시사물연기食時四物緣記'는 종鍾·고鼓·판板·어魚의 의미를 설명해 놓았고 '등측규식登厠規式'은 화장실에서 지켜야 할 규칙을 자세히 서술했다.[144]

조선 후기 승려들은 출가 후 10여 년 동안 강원에서 경전과 불서를 공부하고 선원에서 하안거와 동안거를 지냈다. 또 만년에는 대개 염불 수행을 실천했다. 17세기에는 지방 관청에서 승려들을 고승高僧, 선승善僧, 일반승인 범승凡僧 등으로 분류

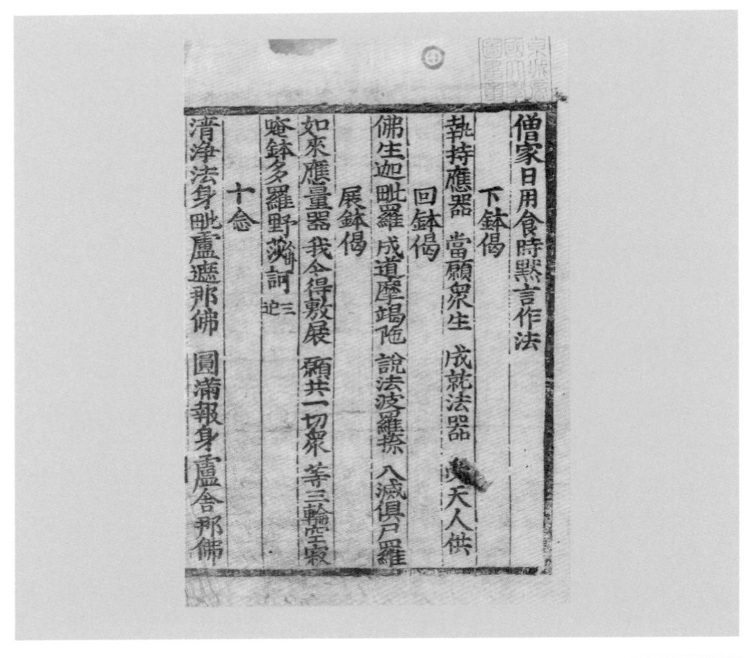

僧家日用食時默言作法

下鉢偈

執持應器 當願衆生 成就法器 受天人供

回鉢偈

佛生迦毗羅 成道摩竭陁 說法波羅捺 入滅俱尸羅

展鉢偈

如來應量器 我今得敷展 願共一切衆 等三輪空寂

唵鉢多羅野娑訶 三說

十念

清淨法身毗盧遮那佛 圓滿報身盧舍那佛

그림 23 『승가일용식시묵언작법』, 서울대학교 규장각한국학연구원 소장

하기도 했고, 입적 후에는 선·교·염불에 각각 특화된 좌선인坐禪人, 대종사大宗師, 염불인念佛人으로 부르기도 했다.[145] 산사에는 왕실 구성원은 물론 양반부터 천민에 이르는 여러 계급의 사람들이 와서 다양한 불교 신앙을 염원했으며, 수륙재, 예수재, 사십구재 등 다양한 불교 재회와 법회가 사찰에서 열렸다. 불교 신앙의 목적은 내세의 명복과 극락으로의 왕생, 장수와 치병 등

여러 범주에 걸쳐 있었다.

지금까지 조선 불교의 공간과 주체로서 사찰과 승려 문제를 검토하고, 조선 후기의 승려 교육 과정을 선과 교의 공존이라는 관점에서 살펴보았다. 이어 선, 교, 염불을 함께 추구하는 삼문 수행체계의 정비 및 전통의 종합적 계승 문제를 다루었다. 또한 유불 교류의 양상과 시대성의 접목을 여러 사례를 통해 알아보았고, 끝으로 산사에서의 신앙과 승려의 일상을 들여다보았다. 이처럼 조선의 산사는 승려 교육과 불교 전통 계승의 산실이자 각 지역의 사회·문화·종교의 구심점이었다. 넓게 보면 승려가 일상을 영위하는 산사는 불교와 유교를 아우르는 승과 속이 만나는 교류의 장이었고, 다양한 의례와 신앙이 펼쳐진 복합적 종교 거점이었다.

주석

1 김영태, 『한국불교사』, 경서원, 1997; 정병삼, 『한국불교사』, 푸른역사, 2020.

2 高橋亨, 「序說」, 『李朝佛教』, 寶文館, 1929.

3 高橋亨, 「朝鮮の佛教に對する新研究」, 『朝鮮及滿洲』 60, 朝鮮及滿洲社, 1912.

4 高橋亨, 「朝鮮寺刹の研究」, 『東亞研究』 6(1-3), 東亞學術研究會, 1916.

5 김용태, 『조선후기 불교사 연구』, 신구문화사, 2010.

6 『태종실록』 14권, 태종 7년 12월 2일 신사. 예를 들어 조계종은 양주 통도사(通度寺), 의흥 인각사(麟角寺), 낙안 징광사(澄光寺), 영암 도갑사(道岬寺), 탐진 만덕사(萬德寺) 등 24개, 화엄종은 원주 법천사(法泉寺), 강화 전향사(栴香寺), 양주 성불사(成佛寺) 등 11개 사가 기존 사사를 대체했다.

7 최재복, 『조선초기 왕실불교 연구』, 박사학위논문, 한국학중앙연구원, 2011.

8 김해영, 『조선초기 사전에 관한 연구』, 박사학위논문, 한국정신문화연구원, 1993.

9 최종석, 「조선시기 성황사 입지를 둘러싼 양상과 그 배경」, 『한국사연구』 143, 한국사연구회, 2008.

10 손성필, 「15세기 강진 무위사의 국가적 위상: 승정체제의 개혁, 운용과 관련하여」, 『동국사학』 75, 동국역사문화연구소, 2022, 31-75쪽.

11 손성필, 「사찰의 혁거, 철훼, 망폐: 조선 태종·세종대 승정체제 개혁에 대한 오해」, 『진단학보』 132, 진단학회, 2019a; 손성필, 「조선 태종 세종대 '혁거' 사찰의 존립과 망폐: 1406년과 1424년 승정체제 개혁의 이해 방향과 관련하여」, 『한국사연구』 186, 한국사연구회, 2019b.

12 『명종실록』 10권, 명종 5년 12월 15일 갑술; 권11, 명종 6년 1월 16일 갑진.

13 이병희, 「조선시기 사찰의 수적 추이」, 『역사교육』 61, 역사교육연구회, 1997.

14 필자 미상의 『梵宇攷』는 필사본으로 규장각(가람古 294.3551-B45)과 국립중앙도서관(한古朝21-190) 등에 소장되어 있다. 정조의 『弘齋全書』 卷56, 「雜著」에 「題梵宇攷」(1799)가 실려 있고 강원도가 '원춘도(原春道)'라고 되어 있어 1782년에서 1791년 사이에 작

성된 것으로 추정된다.

15 양혜원, 「《경제육전》 도승·도첩 규정으로 본 조선초 도승제의 의미」, 『한국사상사학』 57, 한국사상사학회, 2017; 양혜원, 「도승제 강화의 역사적 의의」, 『고려에서 조선으로: 여말선초, 단절인가 계승인가』, 역사비평사, 2019a.

16 『經國大典』「禮典·度僧」. 3경은 『금강경(金剛經)』, 『반야심경(般若心經)』, 「살달타(薩怛陁)」로서 「살달타」는 능엄주(楞嚴呪)로 추정하고 있다.

17 기존 연구에서 도승을 위해 내는 정포(正布) 수를 20필로 보는 경우가 많았는데, 양혜원, 「《경국대전》 판본 연구」, 『규장각』 53, 서울대학교 규장각한국학연구원, 2018에서 『경국대전』의 판본 재검토를 통해 포 30필이었음을 입증했다.

18 押川信久,「朝鮮燕山君·中宗代における僧徒政策の推移: 度牒發給の再開と廢止を中心として」, 『朝鮮史硏究會論文集』 47, 朝鮮史研究会, 2009, 89-92頁에서는 연산 3년 매년 10명 정도지만 도첩이 다시 발급되었고 10년의 갑자사화 전해까지 지속되었음을 확인했다.

19 양혜원, 「15세기 승과 연구」, 『한국사상사학』 62, 한국사상사학회, 2019b.

20 『명종실록』 13권, 명종 7년 1월 10일 계사; 명종 7년 4월 12일 갑자; 명종 7년 10월 16일 을축.

21 『虛白集』「虛白堂詩集序」(한국불교전서편찬위원회 엮음, 『韓國佛敎全書』 8, 동국대학교출판부, 1987, 379-380쪽).

22 장지연, 「광해군대 궁궐영건: 인경궁과 경덕궁(경희궁)의 창건을 중심으로」, 『한국학보』 32, 일지사, 1997.

23 이종영, 「승인호패고」, 『동방학지』 17, 연세대학교 국학연구원, 1963.

24 『인조실록』 4권, 인조 2년 7월 23일 을해. 남한산성 승군 활용은 김용태, 「조선후기 남한산성의 조영과 승군의 활용」, 『한국사상과 문화』 78, 한국사상문화학회, 2015 참조.

25 『광해군일기』 33권, 광해 2년 9월 23일 을축; 63권, 광해 5년 2월 25일 계축; 『인조실록』 13권, 인조 4년 4월 21일 계사.

26 장경준, 「조선후기 호적대장의 승려 등재 배경과 그 양상」, 『대동문화연구』 54, 부산근대역사관 학예연구사, 2006.

27 이종수, 「1652년 관부문서를 통해 본 효종대 불교정책 연구」, 『한국불교학』 67, 한국불교학회, 2013.

28 김기종, 「언해불서」, 『테마 한국불교』 5, 동국대학교출판부, 1917.

29 김용태, 「청허 휴정과 조선후기 선과 화엄」, 『불교학보』 73, 동국대학교 불교문화연구원, 2015, 63-90쪽.

30 『三老行蹟』 「碧松堂大師行蹟」(한국불교전서편찬위원회 엮음, 『韓國佛敎全書』 7, 동국대학교출판부, 1986, 752-754쪽).

31 高橋亨, 前揭書, 349頁에서 「贈曦峻禪德」 재인용.

32 『三老行蹟』 「芙蓉堂先師行蹟」(한국불교전서편찬위원회 엮음, 앞의 책, 1986, 754-755쪽); 「敬聖堂禪師行蹟」(한국불교전서편찬위원회 엮음, 같은 책, 756-757쪽).

33 『禪家龜鑑』 「跋」(한국불교전서편찬위원회 엮음, 같은 책, 646쪽).

34 『心法要抄』(한국불교전서편찬위원회 엮음, 같은 책, 648-649쪽).

35 김영태, 「휴정의 선사상과 그 법맥」, 『한국 선사상 연구』, 동국대학교출판부, 1984; 종진, 「청허 휴정의 선사상」, 『백련불교논집』 3, 1993에서 『선가귀감』의 인용 전거를 밝혀 놓았다.

36 『선가귀감』(한국불교전서편찬위원회 엮음, 앞의 책, 1986, 636쪽). 이는 지눌이 『절요』에서 경절문(徑截門)을 설명할 때 "지견(知見)의 병을 없애는 것에 출신활로가 있음을 알라"고 한 것(한국불교전서편찬위원회 엮음, 『韓國佛敎全書』 4, 동국대학교출판부, 1982, 741쪽)과 상통한다.

37 우정상, 「서산대사의 선교관에 대하여」, 『불교사학 논총: 조명기 박사 화갑 기념』, 중앙도서출판사, 1965.

38 「禪敎訣」(한국불교전서편찬위원회 엮음, 앞의 책, 1986, 657-658쪽).

39 인경, 『화엄교학과 간화선의 만남: 보조의 《원돈성불론》과 《간화결의론》 연구』, 명상상담연구원, 2006; 최연식, 「지눌 선사상의 사상사적 검토」, 『동방학지』 144, 연세대학교 국학연구원, 2008.

40 『霽月堂大師集』 卷下, 「霽月堂大師行蹟」(한국불교전서편찬위원회 엮음, 앞의 책, 1987, 126-127쪽).

41 「禪敎訣」(한국불교전서편찬위원회 엮음, 앞의 책, 1986, 657-658쪽).

42 『詠月堂大師集』 「抄出法數遮眼而坐有客非之故因爲此偈」(한국불교전서편찬위원회 엮음, 앞의 책, 1987, 233-234쪽).

43 우정상, 앞의 논문.

44 『大覺登階集』 卷2, 「禪敎說贈勒上士序」(한국불교전서편찬위원회 엮음, 앞의 책, 1987, 325쪽).

45 『禪源諸詮集都序』 卷上1(『大正新修大藏經』 48, 400b).

46 『詠月堂大師文集』 「四集四敎傳燈拈頌華嚴」(한국불교전서편찬위원회 엮음, 앞의 책, 1987, 234-235쪽).

47 『禪源諸詮集都序』 卷上1(『大正藏』 48, 401c).

48 木村清孝, 『中國華嚴思想史』, 平樂寺書店, 1992, 277-281頁.

49 남희숙, 『조선후기 불서 간행 연구: 진언집과 불교의식집을 중심으로』, 박사학위논문, 서울대학교, 2004.

50 김용태, 「조선후기 불교문헌의 가치와 선과 교의 이중주: 《선가귀감》과 《기신론소필삭기회편》을 중심으로」, 『한국사상사학』 58, 한국사상사학회, 2018, 160-167쪽.

51 『淸虛堂集』 卷7, 「上完山盧府尹書」.

52 한영우, 「16세기 사림의 역사서술과 역사인식」, 『동양학』 10, 단국대학교 동양학연구원, 1980, 171-172쪽에서는 『격몽요결(擊蒙要訣)』과 『성학집요(聖學輯要)』의 궁리장(窮理章)을 그 전거로 들었다. 김항수, 「16세기 사림의 성리학 이해: 서적의 형행·편찬을 중심으로」, 『한국사론』 7, 서울대학교 국사학과, 1981, 174-177쪽에서는 『소학』에 이어 『근사록』, 『주자대전』이 성리학 이해의 주요 토대가 되었음을 밝혔다.

53 『栗谷先生全書』 卷27, 『擊蒙要訣』 「讀書章」 第4.

54 앞의 「四集四教傳燈拈頌華嚴」(한국불교전서편찬위원회 엮음, 앞의 책, 1987, 234-235쪽).

55 『鞭羊堂集』 卷2, 「禪教源流尋劍說」(한국불교전서편찬위원회 엮음, 같은 책, 256-257쪽); 「金剛山鞭羊堂大師碑銘」(이지관, 『韓國高僧碑文總集: 朝鮮朝·近現代』, 가산불교문화연구원, 2000, 196-197쪽).

56 『鞭羊堂集』 卷2, 「經板後跋」(한국불교전서편찬위원회 엮음, 앞의 책, 1987, 255쪽).

57 손성필·전효진, 「16·17세기 '사집' 불서의 판본 계통과 불교계 재편」, 『한국사상사학』 58, 한국사상사학회, 2018, 229-282쪽.

58 『鞭羊堂集』 卷2, 「禪教源流尋劍說」(한국불교전서편찬위원회 엮음, 앞의 책, 1987, 257쪽).

59 「太平曲」(한국불교전서편찬위원회 엮음, 같은 책, 369-370쪽).

60 『月波集』 「月波平生行跡」(한국불교전서편찬위원회 엮음, 『韓國佛教全書』 9, 동국대학교출판부, 1989a, 675-676쪽).

61 『林下錄』 「自譜行業」(한국불교전서편찬위원회 엮음, 『韓國佛教全書』 10, 동국대학교출판부, 1989b, 283-286쪽).

62 『心法要抄』 「參禪門」; 「念佛門」(한국불교전서편찬위원회 엮음, 앞의 책, 1986, 649-650쪽). 청매인오(青梅印悟)의 『青梅集』 卷下, 「西山大師祭文」(한국불교전서편찬위원회 엮음, 앞의 책, 1987, 155쪽)에서는 휴정이 선풍을 정리하고 삼문을 열었다고 평가했다.

63 『心法要抄』 「念佛門」; 「念頌」(한국불교전서편찬위원회 엮음, 앞의 책, 1986, 650-651쪽).

64 『禪家龜鑑』(한국불교전서편찬위원회 엮음, 같은 책, 640-641쪽).

65 『清虛堂集』 卷6, 「念佛門贈白處士」(한국불교전서편찬위원회 엮음, 같은 책, 711쪽).

66 『禪家龜鑑』(한국불교전서편찬위원회 엮음, 같은 책, 640쪽).

67 高橋亨, 前揭書, 87頁. 한편 忽滑谷快天, 『朝鮮禪教史』, 春秋社, 1930, 409-411頁에서는 휴정의 동문인 부휴 선수 또한 선정(禪淨) 일치의 입장에서 선과 염불을 모두 중시한 것으로 본다.

68 『鞭羊堂集』 卷3, 「上高城」(한국불교전서편찬위원회 엮음, 앞의 책, 1987, 262-263쪽).

69 최연식, 「지눌 선사상의 사상사적 검토」, 『동방학지』 144, 연세대학교 국학연구원, 2008.

70 『茶松文稿』 卷1, 「宗師契案序」(한국불교전서편찬위원회 엮음, 앞의 책, 1994, 동국대학교출판부, 1994, 690-691쪽); 卷2, 「本寺革罷念佛堂感想說」(한국불교전서편찬위원회 엮음, 같은 책, 765쪽).

71 『清虛堂集』 卷2, 「寄東湖禪子書」(한국불교전서편찬위원회 엮음, 앞의 책, 1986, 725쪽).

72 고익진, 「조원통록촬요의 출현과 그 사료 가치」, 『불교학보』 21, 동국대학교 불교문화연구원, 1984에서 인용한 지엄의 『祖源通錄撮要』 「跋文」 참조.

73 『詠月堂大師集』 「抄出法數遮眼而坐有客非之故因爲此偈」(한국불교전서편찬위원회 엮음, 앞의 책, 1987, 233-234쪽).

74 『月波集』 「閑居卽事」(한국불교전서편찬위원회 엮음, 앞의 책, 1989a, 661쪽).

75 「楡岾寺楓嶽堂大禪師浮屠碑銘」(이지관, 앞의 책, 496-498쪽).

76 金映遂, 『朝鮮佛教史藁』, 中央佛教專門學校, 1939[『朝鮮佛教史』(영인본), 민속원, 2002], 167-169쪽.

77 「禪教釋」(한국불교전서편찬위원회 엮음, 앞의 책, 1986, 654-657쪽).

78 『無竟室中語錄』 附錄, 「禪教對辨」(한국불교전서편찬위원회 엮음, 앞의 책, 1989a, 441쪽).

79 『정조실록』 19권, 정조 9년 3월 16일 을축.

80 『鏡巖集』 卷下, 「碧松社答淨土說」(한국불교전서편찬위원회 엮음, 앞의 책, 1989b, 452-454쪽).

81 『百愚隨筆』 「石室先師行狀」(한국불교전서편찬위원회 엮음, 앞의 책, 1989a, 166-168쪽).

82 이종수, 「18세기 기성쾌선의 염불문 연구: 염불문의 선교 껴안기」, 『보조사상』 30, 보조사상연구원, 2008, 143-176쪽.

83 『念佛還鄉曲』(한국불교전서편찬위원회 엮음, 앞의 책, 1989a, 650-659쪽).

84 『龍潭集』 「龍潭大師行狀」(한국불교전서편찬위원회 엮음, 같은 책, 1989a, 693-694쪽).

85 『秋波集』 卷2, 「靈源萬日會序」(한국불교전서편찬위원회 엮음, 앞의 책, 1989b, 72쪽).

86 『三門直指』(한국불교전서편찬위원회 엮음, 같은 책, 138-139쪽).

87 『林下錄』 卷3, 「蓮池萬日會序」(한국불교전서편찬위원회 엮음, 같은 책, 261쪽).

88 『梵海禪師文集』 「無量會重修募緣疏」(한국불교전서편찬위원회 엮음, 같은 책, 1094-1095쪽).

89 『修禪結社文』 「料揀念佛結勸修心」 8(한국불교전서편찬위원회 엮음, 같은 책, 538-540); 「三根念佛辨」(한국불교전서편찬위원회 엮음, 같은 책, 551-552쪽).

90 김용태, 「19세기 초의 의순의 사상과 호남의 불교학 전통」, 『한국사연구』 160, 한국사연구회, 2013, 121-129쪽.

91 이종수, 『조선후기 불교의 수행체계 연구: 삼문수학을 중심으로』, 동국대학교 박사학위논문, 2010, 210-217쪽.

92 이종수, 「숙종 7년 중국선박의 표착과 백암성총의 불서간행」, 『불교학연구』 21, 불교학연구회, 2008.

93 『念佛普勸文』(한국불교전서편찬위원회 엮음, 앞의 책, 1989a, 44-78쪽).

94 『新編普勸文』(한국불교전서편찬위원회 엮음, 같은 책, 695-704쪽).

95 『月渚堂大師集』 「禮念文一千卷印出勸文」(한국불교전서편찬위원회 엮음, 같은 책, 116-117쪽).

96 홍윤식, 「염불의례를 통해 본 한국의 정토사상」, 『한국 정토사상 연구』, 동국대학교출판부, 1985.

97 김종진, 『불교가사의 계보학, 그 문화사적 탐색』, 소명, 2009, 164-212쪽.

98 高橋亨, 前揭書, 775-776頁; 한상길, 「조선후기 사원의 불사와 사찰계」, 『한국선학』 28, 한국선학회, 2011, 203-247쪽.

99 『仁嶽集』 卷3, 「答訥村書」(한국불교전서편찬위원회 엮음, 앞의 책, 1989b, 416-417쪽).

100 『林下錄』 卷4, 「上韓綾州必壽長書」(한국불교전서편찬위원회 엮음, 같은 책, 280-283쪽).

101 末木文美士, 『思想としての佛教入門』, Trans view, 2006, 152-155頁.

102 『海鵬集』 「自題壯游大方家序」(한국불교전서편찬위원회 엮음, 앞의 책, 1994, 235-237쪽).

103 한보광, 「조선시대의 만일염불결사」, 『불교학보』 32, 동국대학교 불교문화연구원, 1995, 165-193쪽.

104 이종수, 「19세기 《산사약초》의 불교사 서술」, 『동국사학』 45, 동국역사문화연구소, 2008, 45-66쪽.

105 손유경, 「세종조 집현전 학사의 교유 양상 연구: 진관사 사가독서 참여인을 중심으로」, 『한문고전연구』 37(1), 한국한문고전학회, 2018, 103-142쪽.

106 『四佳詩集』 卷4, 「詩類·送金察訪崇老還水站」.

107 『睡隱集』 卷3, 「佛甲寺重修勸施文」(朝鮮総督府内務部地方局, 『朝鮮寺刹史料』 上, 朝鮮総督府内務部地方局, 1911).

108 조광, 「한국 초기교회사와 주어사」, 『사목』 91, 한국신학연구소, 1984, 14-18쪽.

109 신대현, 「《산중일기》를 통한 17세기 불교문화 고찰」, 『문화사학』 45, 한국문화사학회, 2016, 97-122쪽.

110 이경순, 「18세기 후반 지리산 유람의 추이와 성격」, 『남명학연구』 46, 경상대학교 남명학연구소, 2015.

111 이경순, 「조선 후기 승려의 금강산 유람록 연구: 18세기 허정 법종, 19세기 혼원 세환의 금강산 유람록을 중심으로」, 『불교학연구』 73, 불교학연구회, 2015.

112 이경순, 「조선후기 유산기에 나타난 북한산의 불교」, 『인문과학연구』 20, 덕성여자대학교 인문과학연구소, 2015, 9-26쪽.

113 홍만종, 『旬五志』, 이민수 옮김, 을유문화사, 1971, 214쪽.

114 홍만종, 같은 책, 250-252쪽.

115 『遲庵先生文集』 『方丈遊錄』.

116 『心性論』 「序」, 「自序」(한국불교전서편찬위원회 엮음, 앞의 책, 1989a, 1쪽).

117 김용태, 『조선 불교사상사』, 성균관대학교출판부, 2021, 261-263쪽.

118 김용태, 『조선후기 불교사 연구』, 신구문화사, 2010, 320-321쪽.

119 『釋門喪儀抄』 「釋門喪儀抄序」(한국불교전서편찬위원회 엮음, 앞의 책, 1987, 237쪽).

120 『釋門家禮抄』 「釋門家禮抄跋」(한국불교전서편찬위원회 엮음, 같은 책, 288쪽).

121 이종서, 앞의 책, 43-44쪽.

122 김순미, 「《석문가례초》의 오복도 연구」, 『영남학』 18, 경북대학교 영남문화연구원, 2010, 361-388쪽.

123 김용태, 「유교사회의 불교의례: 17세기 불교 상례집의 오복제 수용을 중심으로」, 『한국문화』 76, 서울대학교 규장각한국학연구원, 2016, 169-196쪽.

124 김용태, 앞의 책, 2021, 313-328쪽.

125 김희준, 「조선전기 수륙재의 설행」, 『호서사학』 30, 호서사학회, 2001.

126 국사편찬위원회 편, 『신앙과 사상으로 본 불교전통의 흐름』, 두산동아, 2007.

127 『慵齋叢話』 卷1.

128 박병선, 「조선후기 원당의 정치적 기반: 관인 및 왕실의 불교인식을 중심으로」, 『민족문화논총』 25, 영남대학교 민족문화연구소, 2002.

129 『용재총화』 권8.

130 『澤堂集』 別集 卷1, 國書, 「答倭人問目」.

131 李能和, 『朝鮮佛教通史』, 新文館, 1918, 下篇 〈二百品題〉.

132 김만중, 『서포만필』 상, 심경호 옮김, 문학동네, 2010, 514-515쪽.

133 지환, 『천지명양수륙재의범음산보집』(한글본 한국불교전서 조선 10), 김두재 옮김, 동국대학교출판부, 2012, 13-16쪽.

134 김용태, 「조선후기 불교와 민간신앙의 공존 양상: 산신·칠성 신앙의 불교화」, 『불교학연구』 61, 불교학연구회, 2019, 75-104쪽.

135 최종성, 「조선후기 민간의 불교문화: 불승, 단신, 제장」, 『종교학연구』 30, 서울대학교 종교학연구회, 2012, 19-53쪽.

136 『선조실록』 200권, 선조 39년 6월 1일 무술; 선조 39년 6월 21일 무오; 211권, 선조 40년 5월 4일 병인.

137 『愚潭先生文集』 卷11, 「山中日記」 下.

138 김용태, 앞의 책, 2021, 419-436쪽.

139 『용재총화』 권10.

140 『溪巖日錄』 卷1, 乙巳年(1605) 4月 9日.

141 벽암 각성 외, 『석문상의초 석문가례초 승가예의문 자기문절차조열』(한글본 한국불교전서 조선 48), 김두재 옮김, 동국대학교출판부, 2019, 13-17쪽.

142 『청허당집』 권7, 「상완산노부윤서」.

143 『蓮潭大師林下錄卷』 卷3, 「法泉寺童行削髮疏」(한국불교전서편찬위원회 엮음, 앞의 책, 1989b, 254쪽).

144 『僧家日用食時默言作法』은 정행(井幸)이 1882년에 중간하여 펴낸 것으로 서울대학교 규장각한국학연구원에 소장(古1750-14)되어 있다.

145 이종수, 「조선 후기 불교 신앙생활의 단면」, 『불교학 리뷰』 33, 금강대학교 불교문화연구소, 2023.